D1868905

Dieses Buch gehört:

____

____

Das Hausbar-Buch
von Axel Hausen

Von der KUNST, die 100 BESTEN DRINKS zu MIXEN

Hölker Verlag

ISBN: 3-88117-324-2
VVA-Nr.: 280/00324-0
© Copyright 1983 by Verlag Wolfgang Hölker
D-4400 Münster, Martinistraße 2
Alle Rechte vorbehalten, auch auszugsweise
Printed in Germany by Druckhaus Cramer, Greven
Layout: Dieter Kreuchauff
Buchbinderische Verarbeitung: Klemme & Bleimund, Bielefeld
Musterschutz angemeldet beim Amtsgericht Münster

Inhalt

1. Einleitung

VORWORT

Lieber Leser,

als großer Freund von kleinen Cocktails habe ich dieses Buch geschrieben.

Die Zeiten ändern sich – und damit auch die Cocktails und die Freunde derselben. Früher waren Cocktailparties reine Stehparties, die zwischen 17 und 19 Uhr stattfanden und vorzugsweise den höheren Gesellschaftsschichten vorbehalten blieben. Darüber hinaus traf man die Cocktailgenießer in den Bars, wobei allein das Wort „Bar" – sehr zu unrecht – mehr oder weniger Stimmung machte.

Hier hat sich inzwischen Entscheidendes getan, und indem heutige Generationen die reizvollen Rezepte internationaler Barkeeper für sich entdeckten, kann auch die Bar den ihr gebührenden Stellenwert beanspruchen.

Das vorliegende Buch enthält Grundlegendes zum Thema „Hausbar", einfache Rezepte für den Neuling und auch Hinweise zur Verfeinerung für den Profi. Es wird also nicht allzu schwer sein, mit den richtigen Zutaten und dem geeigneten Handwerkszeug, mit ein wenig Übung und Geschick dem Freund eigenhändig einen „Flying Karibic" zu mixen oder ihn am Ende sogar mit einer „Eigenkomposition" zu verblüffen. Ob Sie nun einen Cocktail an der Bar bestellen oder ihn selbst zu Hause zubereiten, die detaillierten Anleitungen werden Ihnen helfen, den perfekt gemixten und wirkungsvoll dekorierten Cocktail als ein „Kunstwerk" zu erleben.

Dieses Buch wäre allerdings nicht ohne die fachkundige Hilfe vieler Profis entstanden, die mir ihre eigenen Rezepte zur Verfügung stellten. Bei ihnen und den Direktionen führender Hotels in Deutschland darf ich mich bedanken. Zwei Profis allerdings möchte ich besonders erwähnen: Achim F. Eberhardt, Vorsitzender der Deutschen Barkeeper Union, Sektion Hamburg, und Barchef in der Old-Fashion-Bar in Hamburg. Mit ihm zusammen habe ich die besten Cocktailrezepte gesammelt und unter seiner fachkundigen Anleitung niedergeschrieben. Wertvolle Anregungen bekam ich auch von Thomas Dözelmüller aus dem Waldhotel Krautkrämer, Münster. Beide haben sicher ihren Teil zum Gelingen dieses Buches beigetragen.

Mixen ist „in" und sollte nun für Sie zu einer der schönsten Feierabendbeschäftigungen werden. In diesem Sinne: „Gutes Gelingen und auf Ihr Wohl!"

Geleitwort

eines Fachmannes der Deutschen Barkeeper Union (DBU)

Kennen Sie Bars?

Die Bar als heute anerkanntes gesellschaftliches Kommunikationszentrum hat es bestimmt nicht immer so leicht gehabt wie in dieser Zeit. Wer über eine Bar sprach, tat dies oft hinter vorgehaltener Hand. Lange genug hat man Bars in Verbindung mit „Sekt und leichten Mädchen" genannt, ohne überhaupt zu wissen, worüber man sprach.

In Amerika kannte man bereits zur Jahrhundertwende Lokalitäten, die als „Bars" bezeichnet wurden und eine gewichtige gesellschaftliche Stellung hatten. In Deutschland haben sich Bars besonders in den vielen Hotels bewiesen. Mit der beginnenden Popularität der Bars ist auch ein Berufsstand aufgerückt, dem in Deutschland heute über 500 Mitglieder angehören. Die Deutsche Barkeeper Union (DBU) gehört der über 30 Nationen umfassenden International Bartender Association an und hat sich das Ziel gesetzt, Menschen aller Gesellschaftsschichten zu vereinen und hervorragende Cocktails für anregende Gespräche in der richtigen Stimmung und im richtigen Rahmen zu servieren.

Der Barkeeper versteht sich heute als Künstler, Freund, Berater, Animateur und Förderer der Kommunikation. Er ist bestimmt kein „Hexenmeister", der ein „Teufelsgetränk" braut.
Einen Cocktail gekonnt zu servieren, ist sicher eine Kunst für sich. Die junge Generation der internationalen Barkeeper möchte diese Kunst nicht für sich behalten. Rezepte und Anregungen zu bekömmlichen Drinks werden Sie von allen Barkeepern bereitwillig bekommen.

Für den künftigen „Hausbarkeeper" sollte es ein „Muß" sein, dem Profi-Kollegen einmal über die Schulter zu schauen oder mit ihm ein fachliches Gespräch zu führen. Denn nur Übung und Erfahrung machen den Meister. Der Besuch einer Bar im klassischen Stil hat nichts mit einer vollen Geldbörse zu tun. Die Vielzahl der angebotenen Cocktails lassen keine Wünsche offen.

In dem vorliegenden Buch von Axel Hausen werden Ihnen die neuesten Cocktailrezepte sowie Standard- und klassische Bargetränke vorgestellt. Studieren Sie es aufmerksam, und auch Sie werden ein Anhänger des Gemixten werden.

Gutes Gelingen dazu und ein „Hoch auf die Bar!"

Achim F. Eberhardt
Barchef, Hamburg

Aller Anfang ist schwer

Es ist noch kein „Hausbarkeeper" vom Himmel gefallen. Durch jahrelange Erfahrung, durch Übung und mit etwas Phantasie jedoch kann jedermann/jede Frau ein guter Barkeeper werden.
Der Barkeeper ist Mittler, Freund, Künstler und Animateur in einer Person. Sein charmantes Plaudern wird geschätzt, seine Kunst des „Mixens" bewundert und das Ergebnis seiner Kreativität genossen.

Der Barkeeper im häuslichen Bereich muß sich erst langsam vorbereiten, wobei Rückschläge kaum zu vermeiden sind. Und wenn am Anfang mancher Cocktail nicht ganz gelingt, sollte dies nur ein weiterer Ansporn sein. Die Übung macht auch hier den Meister.

Die Grundausstattung: »100 Flaschen sind nicht nötig.«

Bevor der Hausbarkeeper seinen ersten Cocktail mixt, sollte er sich zunächst von der Grundausstattung seiner Bar überzeugen. Die vorhandenen Flaschenvorräte müssen überprüft und sortiert werden.
Um köstliche Cocktails zu mixen, bedarf es keiner Flaschenrekorde. Als Grundausstattung der Flaschengetränke nimmt man nur Markenfabrikate. Sparen wäre hier falsch am Platz. Nachstehend aufgeführte Spirituosen sollen für die Hausbar das Gerüst in bezug auf eine gut geführte „Mix-Wirtschaft" sein. Die Bestände werden dann im Laufe der Zeit erweitert. Dazu geben wir Ihnen ebenfalls wichtige Hinweise.

Spirituosen

Bourbon, Canadian und Irish Whiskey
Scotch Whisky
Rum (braun)
Rum (weiß)
Weinbrand/Cognac
Vodka
Gin
Vermouth dry (franz.)
Vermouth bianco (ital.)
Curacao Triple Sec
Sherry
Portwein
Sekt
Champagner
Apricot Brandy
Kirschlikör

Limonaden/ Sirups

Cola
Ginger Ale
Sodawasser
Orangensaft
Tomatensaft
Ananassaft (ungesüßt)
Zitronensaft
Maracujasaft
Grenadinesirup
Zuckersirup
Maracujasirup

Bitter-getränke

Angostura
Campari
Orange Bitter

Sonstige Zutaten

Zitronen, Orangen, Cocktailkirschen, Milch, Sahne, Würfel- und Streuzucker, Früchte der Saison

Mit diesen Getränken und Zutaten haben Sie die Basis für hervorragende Cocktails geschaffen. Im Laufe der Zeit sollte jedoch der Getränkebestand erweitert werden. Um die Getränkeausstattung zu vervollständigen, dürfen nachstehende Getränke nicht fehlen:

Kirschwasser, Cointreau, Cherry Brandy, Creme de Cacao (weiß und braun), Kokosnußlikör, Bananenlikör, Curacao blue, Galliano, Southern Comfort.

Wir geben Ihnen hier natürlich nur Empfehlungen. Gestalten Sie Ihre Hausbar individuell und nach dem eigenen Ermessen. Mit der Ergänzung der Hausbar sind Sie fast schon „komplett".

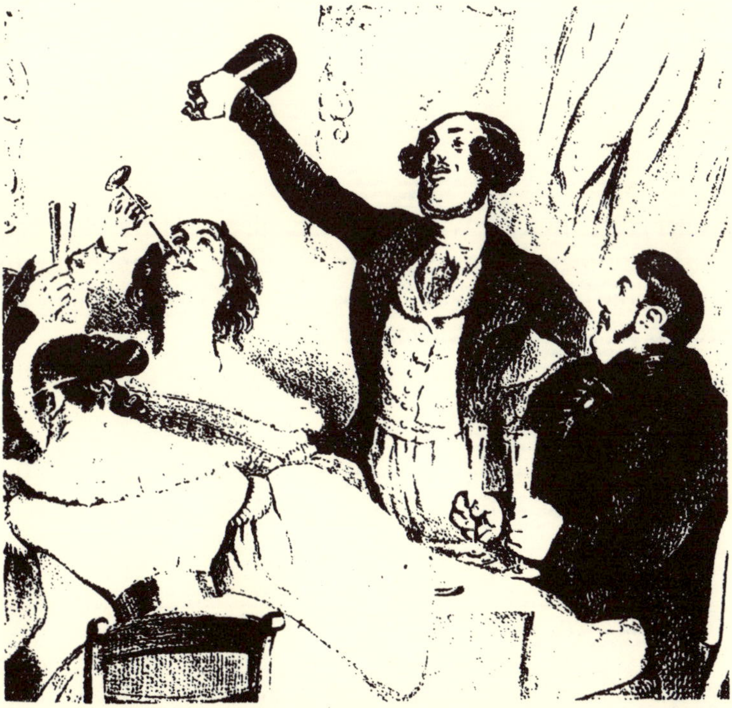

Wo steht meine Bar? »Keine schwere Frage.«

Sicher gibt es in jeder Wohnung Platz für eine kleine Hausbar. Wo sollte man sie nun am zweckmäßigsten einrichten? In erster Linie hängt dies von den häuslichen Gegebenheiten ab. Stellen Sie sich daher folgende Fragen:

1. In welchem Teil der Wohnung halte ich mich mit meinen Gästen auf?
   Dort in der Nähe sollte auch die Hausbar stehen, denn weite Wege zum Servieren schaden einem Cocktail.

2. Habe ich genug Platz zum arbeiten?
   Um Cocktails zu mixen, benötigt man eine genügend große Arbeitsfläche.

Sofern man nicht über einen eingebauten Barschrank verfügt,

ist die Anschaffung eines Servierwagens empfehlenswert. Der Fachhandel bietet eine große Auswahl an, von einfachen bis prunkvoll verzierten. Nehmen Sie aber Abstand von aufwendig gestalteten Servierwagen – für Ihre Arbeit sollte er in erster Linie zweckmäßig sein.

Die untere Stellfläche dient zum Aufbewahren der benötigten Getränke, während die obere Abstellfläche Ihnen als Arbeitsfläche zur Verfügung steht. In vielen Fällen ist diese jedoch zu klein, so daß man einen weiteren Beistelltisch benötigt.

Der große Vorteil eines Servierwagens liegt in seiner Vielseitigkeit. Hausbarkeeper, die eine Terrasse oder einen Garten haben, werden ohne ihn nicht auskommen. Die Hausbar kann so an jeden Ort gerollt werden.

Viele Schrankwände haben ein eigenes Barfach, das den Spirituosen genügend Platz bietet. Befindet sich die Küche in der Nähe des Servierplatzes, so ist sie die beste Voraussetzung für effektives Arbeiten. Geeignet sind auch Küchen, die eine sogenannte „Durchreichklappe" haben.

Bedenken Sie bei der Wahl des Barplatzes immer: Ein Cocktail muß eiskalt serviert werden. Warme Getränke schmecken fade und bereiten dem Gast Kopfschmerzen. Daher sollte die Zubereitung der Getränke immer in der Nähe Ihrer Gäste stattfinden.

Um allen Anforderungen gerecht zu werden und soweit man über die räumlichen Möglichkeiten verfügt, sollte man sich zum Bau einer eigenen Hausbar entschließen. In vielen Hobbygeschäften gibt es entsprechende Anleitungen. Sie sollte auf jeden Fall ein kleines Spülbecken, einen Kühlschrank und eine genügend große Arbeitsfläche haben.

Das Handwerks-zeug des Barkeepers

Mit den Getränken allein kann auch ein erfahrener Barkeeper keine Cocktails herstellen. Das eigentliche Handwerkszeug, die Barutensilien, fehlen noch. Sie gehören zu jeder Bar-Grundausstattung.
Alle aufgeführten Geräte sind in guten Haushaltswarengeschäften erhältlich.

Shaker oder Schüttelbecher

Ohne ihn läuft in einer Bar überhaupt nichts, ohne ihn gibt es keine Cocktails. Somit ist er das wichtigste Bargerät, und seine Anschaffung ist ein „Muß" für jeden Barkeeper.
Den Shaker gibt es in verschiedenen Ausführungen: aus Metall, Glas oder Plastik. Einen Plastik-Shaker ist in jedem Fall

abzulehnen. Das Material verfremdet geschmacklich jeden Cocktail und ist daher völlig indiskutabel.
Shaker aus Glas sind oft zu klein und schließen nicht richtig. Entscheiden Sie sich deshalb für einen Metallshaker, wie er auch von den Profi-Barkeepern benutzt wird.

Das Mixglas / Rührglas

Das typische Mixglas faßt etwa einen Liter Flüssigkeit und hat eine Schnabelöffnung. In ihm werden die Cocktails gerührt, die nicht im Shaker geschüttelt werden dürfen. Bei den verschiedenen Rezepten in diesem Buch ist jeweils vermerkt, wann das Mixglas zum Einsatz kommt.

Das Messglas

Die genaue Einhaltung der Flüssigkeitsmengen ist die Grundvoraussetzung für einen Cocktail. Daher empfiehlt sich die Anschaffung eines Meßglases, das aus Metall oder Glas sein kann. Den gleichen Zweck erfüllt auch ein im Handel übliches Schnapsglas (2cl).

STRAINER / BARSIEB

Unverzichtbar ist auch der Strainer. Das Gerät besteht aus einer gelochten Bodenplatte an einem kurzen Stiel. Die Platte wird von einer elastischen Spirale umgeben, die sich allen Shakergrößen problemlos anpaßt. Durch den Strainer bzw. das Barsieb wird die Flüssigkeit aus dem Shaker oder Rührglas in das vorbereitete Cocktailglas „geseiht" und das Eis im Shaker oder Rührglas zurückgehalten.

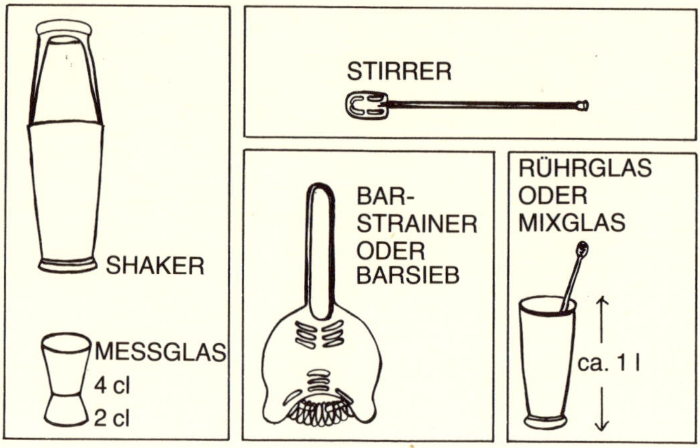

BARLÖFFEL

Mit dem langstieligen Barlöffel werden Cocktails im Rührglas gerührt. Profis benutzen dazu immer den Barlöffel.

WAS FEHLT MIR NOCH?

Neben den bereits erwähnten Barutensilien gibt es noch eine Reihe von Dingen, die man im täglichen Haushalt benutzt und die auch in der Hausbar Verwendung finden.

ZITRONENPRESSE

Zu empfehlen ist eine sogenannte Handpresse. Mechanische Pressen drücken auch gewisse Öle aus der Schale, was vermieden werden sollte. Für den Anfang genügt die im Haushalt vorhandene Zitronenpresse.

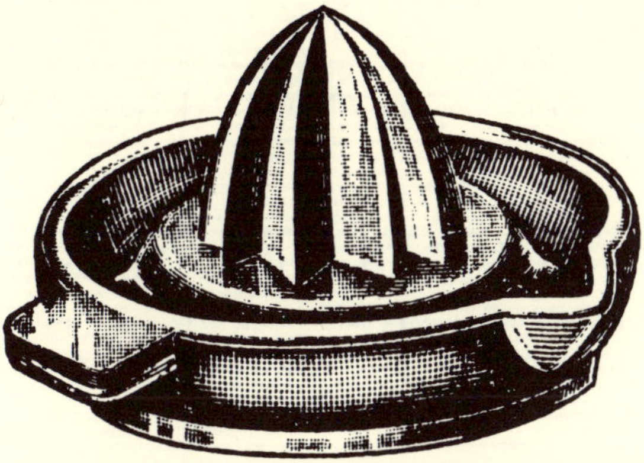

KORKENZIEHER / FLASCHENÖFFNER

Korkenzieher mit einer zu kleinen Spirale zerstören leicht den Korken. Achten Sie beim Kauf darauf.

GLASSCHALEN

Verwendet man für Cocktailkirschen, Orangen, Zitronen oder Oliven. Man kann auch kleine Marmeladengläser einsetzen.

EISEIMER

Sie müssen nicht unbedingt aus Glas oder Metall sein. Die im Handel geführten Plastik-Eiseimer sind ausreichend und halten das Eis bis zu 12 Stunden frisch.

Fruchtmesser

Es soll eine scharfe Klinge oder Sägeschneide haben und wird zum Schälen von Orangen, Zitronen oder zum Schneiden von Fruchtscheiben verwendet.

Trinkhalme

Sie gibt es aus Stroh oder Kunststoff. Zu empfehlen sind Trinkhalme mit einem biegbaren Mundstück (sogenannte „Flexhalme").

Fruchtspiesse / Sticker

Gibt es meistens aus Plastik oder auch in teuren Ausführungen zum Wiedergebrauch. Mit ihnen werden Früchte (z. B. Kirschen) aufgespießt.

Die Reinigung der Bargeräte

Viele Geräte reagieren auf Spülmittel äußerst allergisch. Deshalb sollten Bargeräte und besonders der Shaker nur mit warmem Wasser ausgespült werden.

Welches Glas in meiner Bar?

Zum Gelingen eines Cocktails gehört auch die Wahl des richtigen Glases. Weil Maßinhalte eine große Rolle spielen, empfiehlt es sich, immer größere Gläser zu verwenden, da man noch Platz für die Cocktaildekoration haben muß.
Cocktailgläser werden nie bis zum Rand gefüllt.

In Ihrem Haushalt gibt es sicherlich Gläser, die sich auch als Cocktailgläser eignen. Die nachstehenden Gläser (siehe auch „Anhang") sollten Sie jedoch besitzen:

Likörgläser

–gibt es in Pony- oder Tulpenform.

Cocktailgläser

–sind weitgeschwungene Gläser mit längerem Stiel. Da Cocktails bis zur letzten Minute kalt sein sollen, darf die Hand mit dem eigentlichen Glas nicht in Berührung kommen. Daher der längere Stiel.
Als Cocktailgläser eignen sich auch kleinere Sektschalen.

Sektkelche / Sektschalen

–werden hauptsächlich für alle Sektcocktails benutzt.

TUMBLER

–gehören zu den bekanntesten Bargläsern. In kleinen Ausführungen kennen wir sie auch als Whiskyglas, die größere Ausführung (schlank/hoch) sind sogenannte Long-Drink-Gläser. In ihnen werden alle Long-Drinks, Highballs und Punsche serviert.

Ausgestattet mit den Getränken und Barutensilien, steht Ihnen nun nichts mehr im Wege, die ersten Schritte zu einem guten Hausbarkeeper zu versuchen. Haben Sie dabei keine Angst vor Experimenten – den „Dreh" bekommen Sie schnell heraus.

Bevor die Gäste kommen: »Vorbereitung ist alles...«

Eine Cocktaileinladung muß gut vorbereitet werden. Fragen Sie sich zunächst, was Sie Ihren Gästen servieren wollen. Suchen Sie in aller Ruhe die richtigen Rezepte aus und kontrollieren Sie dann, ob alle erforderlichen Zutaten im Hause sind.
Der Genuß eines Cocktails hängt auch von der Schnelligkeit seiner Zubereitung ab. Daher sollten Barutensilien und Zutaten bereitgelegt werden. Nichts ist schlimmer, als nach den entsprechenden Gegenständen suchen zu müssen.

Frisch und Kalt muss er sein

Einen Cocktail serviert man immer frisch und kalt. Warme Drinks schmecken fade und wässerig. Stellen Sie die benötigten Flaschen wie Orangensaft, Sekt etc. rechtzeitig in den Kühlschrank, damit sie entsprechend vorkühlen können. Überprüfen Sie den Eiswürfelvorrat.
Kurz vor der Zubereitung werden die Getränkeflaschen in der Reihenfolge ihres Gebrauchs auf die Arbeitsfläche gestellt. Das erspart unnötiges Suchen, ganz besonders dann, wenn Sie mit den Getränken noch nicht so vertraut sind.
Zitronen, Orangen usw. sollten gepreßt bzw. geschält sein oder in Scheiben geschnitten bereitliegen. Heute bietet der Handel hervorragende Industriesäfte, auf die man eventuell zurückgreifen kann. Bedenken Sie jedoch: Frische Säfte sind geschmacklich nicht zu überbieten.

Die Grundregeln des Mixens

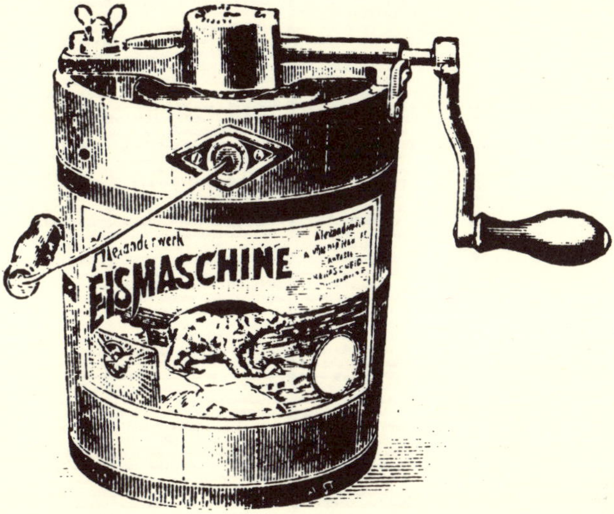

Eisstücke und gestampftes Eis sind ein wichtiger Bestandteil von Cocktails. Gutes Eis kann aber nicht mit jedem Leitungswasser erzeugt werden. Sollte Ihr Leitungswasser zu chlorhaltig sein, empfehlen wir Ihnen, zur Eiswürfelherstellung Mineralwasser zu verwenden.

Getränke, die gerührt werden, bereitet man im Rührglas zu. Drinks, die gerührt, aber ohne Eis serviert werden, seiht man durch das Barsieb in ein Glas.

„Geschüttelt" werden alle Getränke im Shaker, die sich nicht leicht vermischen lassen (Säfte, Sahne, Eier, Kokosnußmilch).

Die Kunst des Schüttelns

Das Schütteln des Shakers ist eine Kunst für sich. In vielen Filmdarstellungen wurden zirkusreife Darbietungen gezeigt, die Cocktails waren sicher ungenießbar.
Ein Getränk soll im Shaker nur kurz geschüttelt werden. Dazu nimmt man den geschlossenen Shaker in beide Hände und hält den Deckel mit beiden Daumen. Der Shaker wird nun waagerecht und mit dem Aufsatz zur Brust so kräftig wie möglich geschüttelt.
Öffnen Sie den Shaker sofort und seihen Sie das Getränk durch das Barsieb in die Gläser. Es empfiehlt sich, das Getränk nicht auf einmal in ein Glas zu seihen: Um eine gute Verteilung des Cocktails zu erreichen, teilt man das Getränk auf verschiedene Gläser auf.

Auch das Auge trinkt mit

Cocktails sollen sauber und für das Auge wirkungsvoll aussehen. Das Garnieren und Dekorieren soll mit Liebe geschehen. Hinweise dazu geben wir bei allen Rezepten. Denken Sie beim Garnieren oder Dekorieren mit Früchten daran, daß Sie einen Cocktail und keinen Obstsalat servieren. Nicht die Masse der Früchte macht es, sondern deren Klasse.

Zu allen Mixgetränken, zu denen Früchte serviert werden, gehören Cocktailgabeln oder kleine Löffel, damit man die Früchte aus dem Glas holen kann.
Ein gelungener Cocktail zeichnet sich nicht durch seine „durchschlagende" Wirkung (sprich: Härte) aus. Daher sollten alle angegebenen Maße eingehalten werden. Nur so gelingen Drinks auf Anhieb.

Farbspielereien

Farbspielereien bei Cocktails sind oft erwünscht, gelingen aber meistens nicht auf Anhieb. Das sogenannte „Übereinanderfüllen" ist eine besondere Variante des Mixens, obwohl tatsächlich der eigentliche Vorgang des Mixens entfällt. Die Herstellung von farbigen Schichtdrinks (sogenannten Pousse-Cafés) ist nicht sehr schwierig, es bedarf jedoch einer langen Übung. Der besondere Effekt beruht darauf, daß einige verschiedenfarbige Liköre so übereinander in ein schmales Stengelglas gefüllt werden, daß sie sich nicht miteinander vermischen. Dazu füllt man erst den schwersten Likör ein, der den meisten Zucker und die niedrigsten Alkoholwerte enthält. Da bei den verschiedenen Herstellern in dieser Beziehung sehr unterschiedliche Getränke produziert werden, sind Pannen nicht ausgeschlossen. Oft fließen die Bestandteile ineinander oder man gießt nicht langsam genug. In diesem Fall hilft nur ein Barlöffel, über dessen Rücken man den Likör vorsichtig ins Glas fließen läßt.

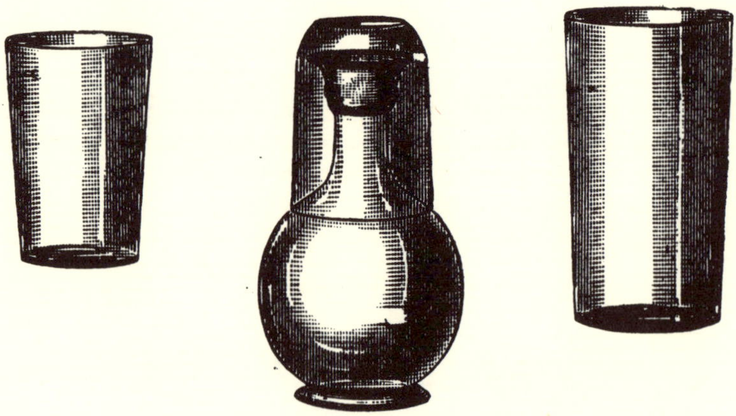

Eine Regieanweisung für den Hausbarkeeper

1. Bitte halten Sie sich genau an die Rezepturmengen und verwenden Sie nur Zutaten von guter Qualität (Markenspirituosen).

2. Eis ist fast für jeden Long-Drink oder Cocktail erforderlich. Eis sollte frisch, trocken und großstückig sein.

3. Das Glas muß so groß sein, daß es die genügende Menge aufnehmen kann, ohne bis an den Rand gefüllt zu sein.

4. Das Glas soll nicht nur sauber, es sollte auch gut poliert sein, damit sich die Farbe des Getränkes gut präsentieren kann.

5. Mixen Sie den Drink im Shaker. Klare Mixgetränke sollen gerührt werden, trübe Mixgetränke müssen geschüttelt werden.

6. Rühren bedeutet, daß man den Drink mit einem langen, schmalen Barlöffel im Rührglas mischt, bis alle Zutaten durch das Eis kalt geworden sind.

7. Schütteln bedeutet, daß man den Drink mit dem Eis im Shaker durch kräftiges Schütteln mischt.

8. Erklärung zu den in den Rezepten angegebenen Zentiliter-Mengen: 2 cl entsprechen dem Inhalt eines normalen kleinen Schnapsglases.

9. Ein Spritzer (1 dash) entspricht der Menge von 5 g. Fünf Spritzer ergeben die Menge für einen Barlöffel.

10. Die Mehrzahl der Cocktail-Shaker ist mit einem Sieb ausgestattet. Wenn nicht oder wenn Sie ein Rührglas benutzen, verwenden Sie bitte den Strainer (Barsieb), um beim Ausschenken das Eis zurückzuhalten.

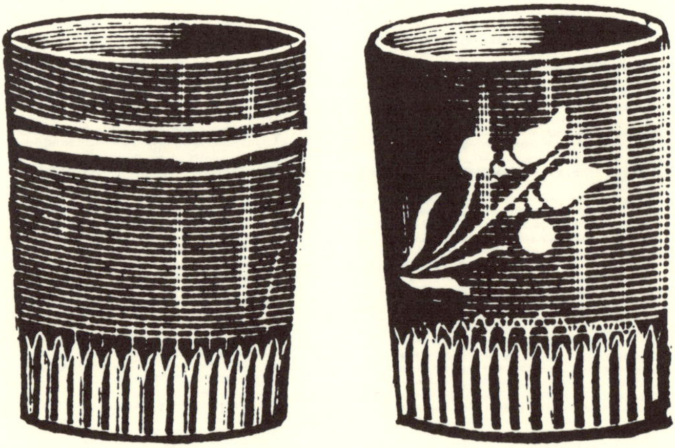

Masse sind eine Studie wert

In diesem Buch werden alle Mengenangaben in cl ausgedrückt. Dies ist allerdings nicht immer so. Besonders in amerikanischen Cocktailbüchern findet man Maße, die Sie kennen sollten.

1 dash

Bedeutet etwa einen Spritzer. Darunter versteht man die Menge, die bei einer Handbewegung aus dem Spritzkorken der Flasche spritzt.

1 oz., ounce, pony

Das Maß entspricht etwa der Menge von 2,8 cl. In einigen Fällen kann es auf 3cl aufgerundet werden.

1 jigger

Entspricht den in Bars üblichen Schankmaßen von 4 cl Flüssigkeit.

Der Ausschank von 4 cl Alkohol ist jedoch keine Bedingung; der Gesetzgeber schreibt ein Maß von 2 cl Alkohol vor. Dies gilt in erster Linie für Einzelgetränke (Whisky, Cognac etc.)

2. Rezepte

Die in diesem Buch veröffentlichten Cocktailrezepte entsprechen dem internationalen Standard. Eigene Kreationen sind als solche gekennzeichnet. An dieser Stelle bedanken wir uns nochmals für die ausgezeichnete Zusammenarbeit mit deutschen Hotels, deren Cocktailkreationen und Empfehlungen wir gesondert vorstellen.

WINTER-DRINKS

Alle heißen Wintergetränke werden in feuerfesten Gläsern serviert.

AMERICAN GROG

4 cl Jamaika Rum, 2 cl Zitronensaft, 2 Stück Würfelzucker, 2 Nelken, 1 Zimtstange, Zitronenscheibe

Rum, Zucker und Zitronensaft in einem feuerfesten Glas vermischen und mit kochendem Wasser auffüllen. Nelken, Zimtstange und eine halbe Scheibe Zitrone dazugeben. Sofort heiß servieren.

HOT TODDY

5 cl Gin, Würfelzucker, Zitronenscheibe, Muskatnuß

Man gibt ein Stück Würfelzucker in ein feuerfestes Glas und füllt es zu 2/3 mit kochendem Wasser auf. Den Gin hinzugeben und gut verrühren. Mit einer Prise Muskatnuß überstreuen. Das Getränk mit einer Zitronenscheibe garnieren.

BLUE FEVER

4 cl Bourbon Whiskey, Zucker, Zitronenscheibe

Für dieses Getränk benötigt man zunächst 2 hohe, feuerfeste Gläser. Den erwärmten Whiskey füllt man in das eine Glas, während das andere mit 4 cl kochendem Wasser gefüllt wird. Anschließend den Whiskey mit einem Streichholz entzünden und ihn 4–5mal von einem in das andere Glas laufen lassen. Optisch entsteht ein Feuerstrom. Geben Sie einen Teelöffel Zucker bei und garnieren Sie den Drink mit einer halben Zitronenscheibe. Heiß servieren.

FRENCHMAN

10 cl Rotwein, 1 cl Grand Marnier, Gewürznelke, Orangen- und Zitronenscheibe, Zimtstange, Zucker

Rotwein und Grand Marnier zusammen erhitzen. Nelke, Orangen- und Zitronenscheibe zugeben und gut verrühren. In ein vorgewärmtes Glas schütten und die Zimtstange hinzufügen. Je nach Geschmack zuckern.

Hot Milk Punch

3 cl Rum braun, 1 cl Cognac oder Weinbrand, 8 cl Sahne oder Milch, Zucker, Muskatnuß

Rum und Cognac gleichzeitig erhitzen. Die Sahne oder Milch zum Kochen bringen und mit dem Rum/Cognac vermischen. Den Zucker hinzufügen und gut verrühren. In ein vorgewärmtes Glas gießen und mit Muskatnuß überstreuen.

Winterkiller
(für zwei Personen)

4 cl Rum braun, 2 cl Rum weiß, 2 cl Cognac od. Weinbrand, 2 cl Triple Sec, 2 cl Southern Comfort, 2 cl Bourbon Whiskey, 2 cl frischer Zitronensaft, 2 cl frischer Orangensaft, 1 cl Grenadine, Ginger Ale, Eiswürfel

In einen mit Eiswürfeln gefüllten Shaker die Zutaten (außer Ginger Ale) geben, kräftig schütteln und in ein hohes Glas seihen. Den Drink mit Ginger Ale auffüllen.

PORT WINE NEGUS

5 cl Portwein, Würfelzucker, Muskatnuß

Den Portwein in ein Punschglas schütten und mit kochendem Wasser auffüllen. Mit Zucker süßen und mit Muskatnuß überstreuen.

MILCH PUNSCH

4 cl Bourbon Whiskey, Milch, Zuckersirup, Muskatnuß

In einen Shaker 2–3 Barlöffel Zuckersirup geben, den Whiskey hinzufügen und beides kräftig schütteln. In einen Tumbler seihen und mit heißer Milch auffüllen. Mit etwas Muskatnuß bestreuen.

Tip:
Dieses Getränk kann man nach Belieben abwandeln, z. B. durch Verwendung von Weinbrand oder Rum.

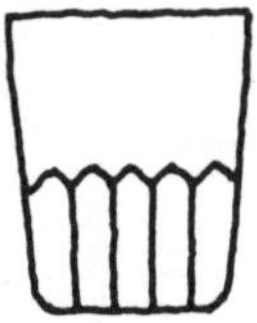

CHAMPAGNER WINTER COCKTAIL

2 cl Bourbon Whiskey, 1 cl Southern Comfort, 1 cl frischer Blutorangensaft; außerdem: Champagner Brut

Die Zutaten in einem mit Eis gefüllten Rührglas gut verrühren und durch den Strainer in eine Sektschale seihen. Mit Champagner auffüllen.

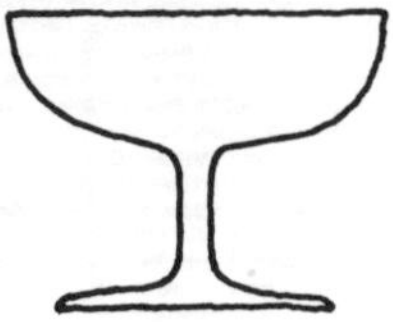

CAFE BERLIN

3 cl Calvados, 1 cl Cognac oder Weinbrand, 1 Tasse heißer Kaffee, 1/2 Teelöffel Zucker, frische Schlagsahne

Den Calvados zusammen mit dem Cognac oder Weinbrand in einer Kasserolle erhitzen, den Zucker hinzugeben und mit dem Barlöffel umrühren. In ein Punschglas umfüllen, den heißen Kaffee übergießen und die leicht geschlagene Sahne vorsichtig über den Löffelrücken ins Glas fließen lassen.

Feuerzangen-bowle

Diese Bowle trägt ihren Namen zu unrecht, da es sich hier um einen Punsch handelt. Sie sollte jedoch in keinem Wintergetränkeplan fehlen. Die Feuerzangenbowle eignet sich besonders für größere Gesellschaften. Unser Rezept ist für etwa 12 Personen bemessen.

In eine geeignete Kupferkasserolle gibt man 1 1/2 Flaschen guten Rotwein, der erhitzt und anschließend warm gehalten wird. Über die Kasserolle stellt man eine „Feuerzange" mit einem Stück Hutzucker. Diesen tränkt man mit angewärmtem hochprozentigen braunen Rum und zündet ihn an. Die Flamme wird durch das Nachschütten von Rum aus einer Kelle so lange genährt, bis der Zucker karamelisiert und in den Punsch geträufelt ist. Dann erst werden die Gläser gefüllt.
Sie können beim Erhitzen des Weines auch 1 Zimtstange, Nelken, die Schale von je einer halben Zitrone und Orange hinzugeben. Diese Würzzutaten werden nach dem Erhitzen wieder entfernt.

Irish Coffee

Zu einem der beliebtesten Heißgetränke hat sich der Irish Coffee entwickelt. Sein Genuß ist an keine Jahreszeit gebunden.

3–4 cl Irish Whiskey, 1 Barlöffel brauner Zucker, heißer Kaffee, Sahne

In ein Irish Coffee Glas den Whiskey gießen, nachdem man ihn vorher etwas erwärmt hat. 1 Barlöffel braunen Zucker oder nach Geschmack auch mehr hinzugeben, verrühren und mit heißem Kaffee auffüllen. Die Sahne über den Barlöffel auf den Kaffee gleiten lassen; sie sollte leicht angeschlagen sein.
Hinweis:
Irish Coffee trinkt man durch die Sahne. In keinem Fall Saug- oder Trinkhalme verwenden.

Das Getränk wird in einem speziellen Irish-Coffee-Glas serviert.

Klassische Cocktails

Calvados Sour

4 cl Calvados, 2 cl Zitronensaft, 1 cl Zuckersirup

Calvados, Zitronensaft und Zuckersirup in den Shaker geben und kurz schütteln. Durch den Strainer in ein Glas seihen. Mit einer halben Scheibe Zitrone und einer Cocktailkirsche garnieren.

Singapore Sling

4 cl Gin, 2 cl Cherry Brandy, 2 cl Zitronensaft, 1 cl Zuckersirup, 1 Barlöffel Grenadine, 1 Maraschino-Kirsche, Sodawasser

In das mit Eis halbgefüllte Glas Gin, Cherry Brandy und den Zitronensaft gießen, den Zuckersirup und 1 Barlöffel Grenadine beigeben. Mit Sodawasser auffüllen und mit einer Kirsche garnieren.

Dry Martini Cocktail

4 cl Gin, 1 dash Noilly Prat, Eisstücke, außerdem: Zitronenschale, 1 Olive

Die Zutaten in dem mit Eisstücken gefüllten Rührglas rühren und durch den Strainer in ein gekühltes Cocktailglas seihen. Mit der Zitronenschale abspritzen und mit einer Olive garnieren.

Side Car

2 cl Cognac oder Weinbrand, 2 cl Triple Sec, 2 cl frischer Zitronensaft

Cognac oder Weinbrand, Triple Sec und Zitronensaft in den Shaker geben und kräftig schütteln. In ein gekühltes Glas seihen.

Manhattan

4 cl Canadian Whiskey, 2 cl Vermouth rosso, 1 dash Angostura, 1 Cocktailkirsche, Zitronenöl

Im Mixglas mit Eiswürfeln den Whiskey und Vermouth sowie 1 dash Angostura gut verrühren. In ein Cocktailglas gießen und mit der Kirsche garnieren. Mit etwas Zitronenöl abspritzen.

Standard-Cocktails

Cuba Libre

4 cl Rum weiß, 1 Barlöffel Zitronensaft, Coca Cola

In einem Long-Drink-Glas den Rum und den Zitronensaft verrühren und mit Coca Cola auffüllen. Mit einer Scheibe Zitrone garnieren.

Cherry Blossom

3 cl Weinbrand, 1 cl Cherry Brandy, 1 cl Triple Sec, 2 cl frischer Zitronensaft, Grenadine, Sodawasser, 1 Maraschino-Kirsche.

Weinbrand, Cherry Brandy, Triple Sec und Zitronensaft in einen mit Eis gefüllten Tumbler geben, mit Soda auffüllen und umrühren. Einen Spritzer Grenadine zugeben, mit der Kirsche oder einem Minzeblatt garnieren.

Prairie Oyster

(alkoholfrei)

2 große Löffel Tomatenketchup, 1 Barlöffel gutes Pflanzenöl, 1 Eigelb, Salz, Pfeffer, Tabasco, Zitronensaft, Worcestersauce

In ein Cocktailglas gibt man das Öl, 6 Spritzer Worcestersauce, darauf den Tomatenketchup und in die Mitte das Eigelb. Darüber streut man etwas Salz, Pfeffer, Tabasco und Zitronensaft. Das Getränk darf nicht verrührt werden.

Old Fashioned

4 cl Gin, 1 dash Angostura, 1 Barlöffel Zucker, Sodawasser

In einem mittleren Tumbler 1 Barlöffel Zucker in Gin auflösen, 1 dash Angostura hinzugeben und mit kaltem Sodawasser auffüllen. Mit je einer halben Scheibe Zitrone und Orange garnieren. Cocktailkirschen hinzugeben.
Hinweis:
Dieses Standardgetränk kann auch mit Whiskey zubereitet werden.

Daiquiri

4 cl Rum weiß, 1 cl Zitronensaft, 1 Barlöffel Zuckersirup oder 1 cl Maraschinolikör

Die Zutaten in einen mit Eis gefüllten Shaker geben und kräftig schütteln. Durch den Strainer in ein Cocktailglas seihen.

Pink Lady

2 cl Gin, 1 Barlöffel Eiweiß, 1 Barlöffel Zitronensaft, 1 Barlöffel Grenadinesirup

Im Shaker mit vielen Eisstücken die Zutaten kräftig schütteln. In einem Ballonweinglas servieren.

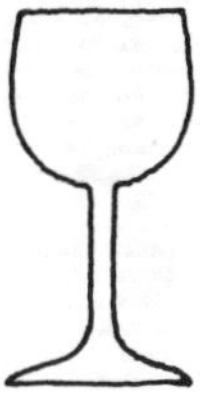

Blue Lady

2 cl Gin, 2 cl Curacao blue, 1 cl Zitronensaft

Die Zutaten im Shaker gut schütteln und in ein Cocktailglas seihen.

White Lady

2 cl Gin, 2 cl Cointreau, 2 cl Zitronensaft, 1 Barlöffel Eiweiß

Einen Shaker zur Hälfte mit zerkleinertem Eis füllen, die Zutaten hinzugeben, gut schütteln und in ein Cocktailglas seihen.

VODKA GIMLET

4 cl Vodka, 2 cl Limettensaft, 1 Barlöffel Zuckersirup

Ein Rührglas zur Hälfte mit Eisstücken füllen. Die Zutaten hinzugeben, gut umrühren und durch den Strainer in ein halbhohes Glas seihen. Auf Wunsch mit Sodawasser auffüllen.
Hinweis:
Diesen Cocktail kann man auch mit Gin zubereiten.

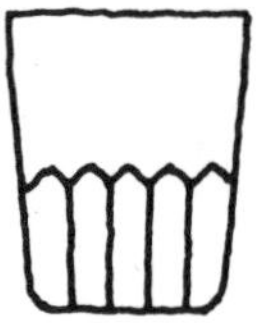

SCREWDRIVER

4 cl Vodka, 8 cl Orangensaft, 1/2 Scheibe Orange

Ein Long-Drink-Glas mit Eisstücken füllen, die Zutaten hinzugeben und gut umrühren. Als Garnitur eine halbe Scheibe Orange beigeben.
Hinweis:
Dieses Getränk kann unter Zufügung von 1 Barlöffel Galliano variiert werden. In Amerika ist es so unter dem Namen Harvey Wallbanger bekannt.

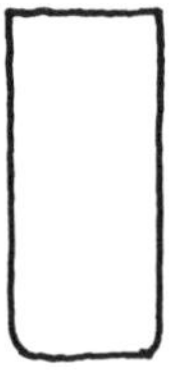

TOM COLLINS

In einen Tumbler mit einigen Eisstücken gibt man

4 cl Gin, 2 Barlöffel Zuckersirup, 2 cl Zitronensaft

Die Zutaten mit dem Barlöffel gut verrühren und mit kaltem Sodawasser auffüllen. Nochmals umrühren und mit einem Trinkhalm servieren. Mit einer halben Scheibe Zitrone und einer Cocktailkirsche garnieren.

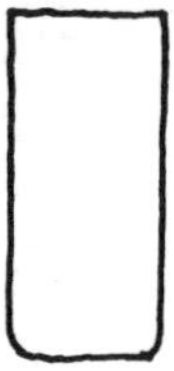

GIN FIZZ

4 cl Gin, 2 cl Zitronensaft, 1 cl Zuckersirup

Den Shaker reichlich mit Eisstücken füllen und die Zutaten hineingeben. Kräftig schütteln. In einen mittleren Tumbler seihen und mit Sodawasser auffüllen.

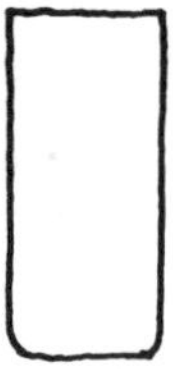

WHISKEY SOUR

4 cl Canadian Whiskey, 2 cl Zitronensaft, 1 cl Zuckersirup, 1 dash Angostura

Zitrone, Zuckersirup und Whiskey in den Shaker geben und kurz schütteln. Durch den Strainer in ein Whiskey-Glas seihen. 1 dash Angostura zugeben, umrühren. Mit einer halben Scheibe Zitrone und einer Cocktailkirsche garnieren.

ALEXANDER

2 cl Brandy, 2 cl Creme de Cacao braun, 2 cl Sahne

Die Zutaten in einem Shaker gut schütteln. Durch den Strainer in ein Cocktailglas seihen.

Magareta

3 cl Tequila, 1,5 cl Curacao Triple Sec weiß, 1,5 cl Limettensaft

Die Zutaten in einem mit Eis gefüllten Shaker kräftig schütteln. Durch den Strainer in ein Cocktailglas seihen. Das Cocktailglas wird mit einem dünnen Salzrand verziert.

Grasshopper

2 cl Creme de Menthe grün, 2 cl Creme de Cacao weiß, 2 cl Sahne

Im mit Eis gefüllten Shaker kräftig schütteln und in ein Cocktailglas seihen.

Ohio

Dieser Cocktail wurde von einem deutschen Barkeeper während der Glanzzeit der Passagier-Dampfschiffahrt kreiert und trat seinen Siegeszug um die ganze Welt an. Es handelt sich um einen der bekanntesten Cocktails.

1 dash Angostura, 1 dash Curacao Triple Sec, 2 cl Canadian Whiskey, 1 cl Vermouth rosso; außerdem: Sekt

Die Zutaten in einem Rührglas gut rühren und in eine Sektschale seihen. Mit kaltem Sekt auffüllen. Mit einer Cocktailkirsche garnieren.

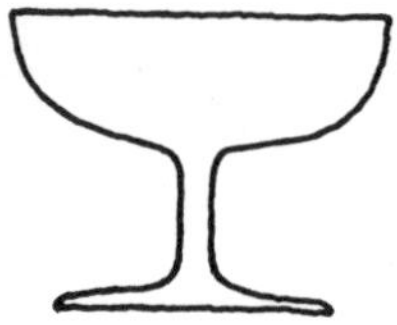

Flying

2 cl Gin, 1 cl Curacao Triple Sec, 1 Barlöffel Zitronensaft; außerdem: Sekt

Zutaten in einem Shaker mit Eis kräftig schütteln und in eine Sektschale seihen. Mit kaltem Sekt auffüllen.

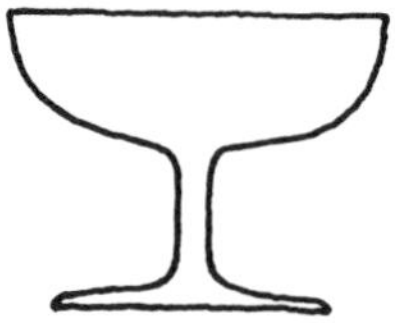

Golden Dream

1,5 cl Galliano, 1,5 cl Cointreau, 1,5 cl Orangensaft, 1,5 cl Sahne

In einem mit Eis gefüllten Shaker schütteln und in eine Cocktailschale seihen.

Sommer-Cocktails

Bahia

4 cl Rum weiß, 1 cl Curacao Triple Sec weiß, 4 cl Kokosnußmilch, 4 cl Ananassaft, 1 cl Zitronensaft

Die Zutaten im Shaker gut schütteln und in ein Long-Drink-Glas abseihen. Mit einem Ananasspieß und einer Kirsche garnieren. Eventuell mit einem frischen Minze-Blatt garnieren.

Coral Sea

4 cl Rum weiß, 1 cl Curacao blue, 4 cl Creme de Coconut, 4 cl Ananassaft

Die Zutaten gut im Shaker schütteln und in ein Long-Drink-Glas seihen. Mit einem Ananasspieß, einer Kirsche und einem Minze-Blatt garnieren.

Chi Chi

4 cl Vodka, 4 cl Creme de Coconut, 1 cl Curacao weiß, 4 cl Ananassaft, 1 cl Zitronensaft

Die Zutaten im Shaker kräftig schütteln und in ein Long-Drink-Glas seihen. Mit einer Kirsche, Ananasspieß und Minze-Blatt garnieren.

Jamaica Mama

3 cl Rum braun, 2 cl Rum weiß, 1 cl Galliano, 3 cl Orangensaft, 3 cl Ananassaft, 1 Barlöffel Grenadine, 2 cl Zitronensaft

Die Zutaten gut im Shaker schütteln und in ein mit gestampftem Eis gefülltes Glas seihen. Je eine halbe Scheibe Orange und Zitrone ins Glas geben. Mit etwas Muskatnuß überstreuen. Als Garnitur ein Minze-Blatt und ein Ananassticker.

Coco Loco

4 cl Gin, 4 cl Creme de Coconut, 4 cl Ananassaft, 1 Barlöffel Creme de Menthe, 1 dash Zitronensaft

Die Zutaten im Shaker schütteln und in ein mit gestampftem Eis gefülltes Long-Drink-Glas geben.

Pina Colada

4 cl Rum weiß, 4 cl Creme de Coconut, 4 cl Ananassaft

Die Zutaten im Shaker gut schütteln und in ein mit gestampftem Eis gefülltes Long-Drink-Glas geben. Mit einer Maraschino-Kirsche und einem Ananasspieß garnieren.

Tequila Sunrise

4 cl Tequila, 6 cl frischer Orangensaft, Zitronensaft, Grenadine

Tequila in ein mit gestampftem Eis gefülltes Glas geben, den Orangensaft und einen Spritzer Zitronensaft dazugeben. Die Grenadine nach Ermessen vorsichtig darüberfließen lassen, damit ein Float entsteht.

Fancy-Drinks

Seit vor ein paar Jahren die große Reiselust nach fernen Ländern aufkam, wurden auch bei uns besondere Cocktails beliebt, die der Profi als „Fancy"-Drinks bezeichnet. Wir kennen sie als exotische, tropische und fruchtige Cocktails. Fancy-Drinks werden auf der ganzen Welt zubereitet und überall verschieden variiert. Barkeeper beweisen mit diesen leichten Cocktails einmal mehr ihre Vielseitigkeit.

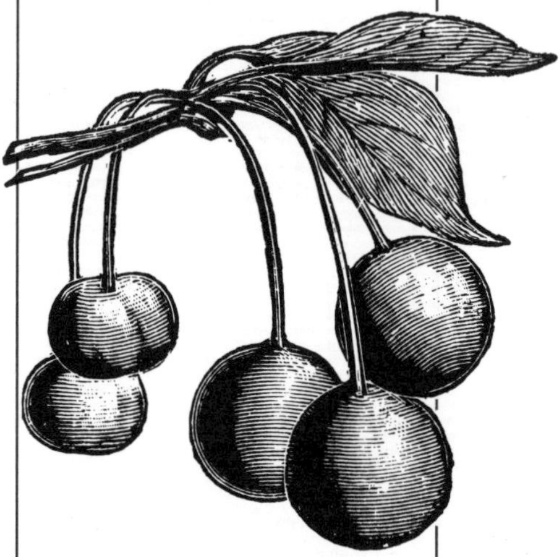

Jamaica Banana

1,5 cl Rum weiß, 1,5 cl Creme de Cacao weiß, 1,5 cl Creme de Banana, 2 Bälle Vanilleeis

Das Vanilleeis in eine Sektschale geben. Die weiteren Zutaten im Shaker kräftig schütteln und über das Eis gießen. Mit Bananenscheiben oder Erdbeeren garnieren. Mit etwas Muskatnuß überstreuen.

Cocktail a la Christiane

3 cl Kirschwasser, 2 cl Vermouth dry, 1 Barlöffel Grenadine

Kirschwasser und Vermouth mit Eiswürfeln im Mixglas gut mixen. Die Grenadine vorsichtig hinzufügen, bis das Getränk eine rosa Farbe hat. Durch den Strainer in ein Long-Drink-Glas schütten.

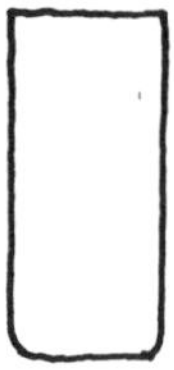

Cafe Cocktail

Ein Cocktail, der nach Kaffee schmeckt, aber keinen enthält.

2 cl Weinbrand, 2 cl Portwein, 1 Barlöffel Zuckersirup, 2 cl frische Sahne

Die Zutaten im Shaker gut schütteln und in ein Cocktailglas seihen.

Scotch Explorer

4 cl Scotch-Whisky, 1 cl Medium Dry Sherry, 2 Barlöffel Zitronensaft, 2 Barlöffel Amaretto

Die Zutaten im mit Eis gefüllten Shaker gut schütteln. Anschließend durch den Strainer in ein Old-Fashioned-Glas seihen. Eiswürfel hinzugeben und mit einer Zitronenschale abspritzen. Die Zitronenschale ebenfalls ins Glas geben.

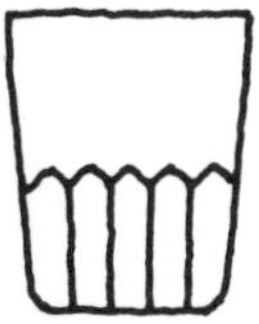

Flying Karibic

3 cl Rum weiß, 3 cl Vodka, 1 cl Galliano, 4 cl Creme de Coconut, 4 cl Ananassaft, 2 cl frischer Orangensaft, 1 cl Sahne

Die Zutaten im Shaker gut schütteln. Durch den Strainer in ein mit gestampftem Eis gefülltes Glas seihen. Mit frischen Ananasscheiben und Maraschino-Kirsche garnieren.

Margret Rose

2 cl Campari, Champagner Brut oder trockener Sekt, frischer Orangensaft

Campari und Champagner/Sekt in eine mit Eis gekühlte Sektschale gießen und mit Orangensaft nach Belieben auffüllen. Eine halbe Scheibe Orange ins Glas geben.

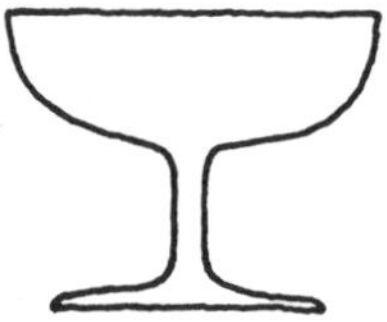

Bermuda Sun

4 cl Gin, 1 cl Pfirsich Brandy, Grenadine, 4 cl Orangensaft, 1 cl Limettensaft

Die Zutaten im Shaker kräftig schütteln und in ein Long-Drink-Glas mit Eiswürfeln gießen. Mit einer Orangenscheibe und einer Kirsche garnieren.

Pina Enrico

4 cl Rum weiß, 4 cl Kokosnußmilch, 4 cl Ananassaft, 1 Barlöffel Grenadine

Im Shaker mit Eiswürfeln die Zutaten gut schütteln. In ein mittelgroßes, mit gestampftem Eis gefülltes Long-Drink-Glas seihen. Mit einem Trinkhalm servieren. Als Garnitur: Eine Kirsche und ein Ananasspieß.

Mai Tai

4 cl Jamaica Rum, 2 cl Jamaica 73% Rum, 1 cl Curacao weiß, 1 cl Zuckersirup, 1 cl Oregat-Sirup (Mandelmilch), Saft einer Limette

Die Limette auspressen und die Hälfte des Saftes in das mit gestampftem Eis gefüllte Glas geben. Die anderen Zutaten im Shaker schütteln und über das Eis seihen. Mit einem Ananasspieß garnieren.

Grand Slim

4 cl Gin, 1 cl Grand Marnier, 5 cl frischer Orangensaft, Grenadine

Gin, Grand Marnier und Orangensaft in den Shaker geben, einen Spritzer Grenadine hinzufügen und kräftig schütteln. In das mit 2–3 Eiswürfeln gefüllte Glas seihen. Mit einer Maraschino-Kirsche und Orangenscheibe garnieren.

Golden Cadillac

2 cl Galliano, 2 cl Creme de Cacao weiß, 2 cl Sahne

Die Zutaten im Shaker schütteln und anschließend in eine Cocktailschale seihen.

Paradise Cocktail

2 cl Tequila, 1 cl Creme de Cacao weiß, 1 cl Amaretto, 4 cl Sahne

Die Zutaten im Shaker gut schütteln und in ein vorgekühltes Cocktailglas seihen.

Pick me up

1 Barlöffel Cognac oder Weinbrand, 2 dashes Angostura; außerdem: Sekt

Die Zutaten in ein gekühltes Sektglas geben und mit Sekt auffüllen. Vorsichtig umrühren und mit einer halben Zitronenscheibe garniert servieren.

Horse's Neck

4 cl Bourbon Whiskey, 1 Zitrone, Angostura, Ginger Ale

Den Whiskey in einen kleinen Tumbler gießen, einen Spritzer Angostura dazugeben, mit dem Barlöffel umrühren. Mit Ginger Ale auffüllen und eine langgeschnittene Zitronenspirale in das Glas legen.

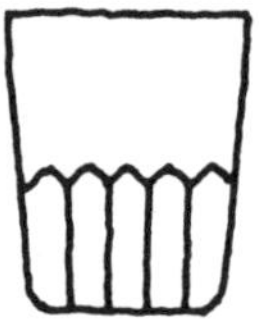

MICHAS FIZZ

6 cl Gin, 2 cl frischer Zitronensaft, 2 cl frischer Orangensaft, 1 cl Zuckersirup, 1 cl süße Sahne, 1 Barlöffel Eiweiß; außerdem: Sodawasser

Die Zutaten im Shaker gut schütteln, in einen Tumbler gießen und mit Sodawasser auffüllen.

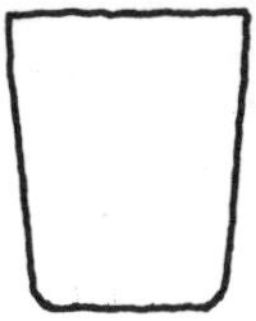

AMERICAN SEA

2 cl Brandy, 2 cl Vermouth dry, 1 cl Creme de Menthe weiß, 3 cl frischer Orangensaft, Eiswürfel

Die Zutaten im Shaker schütteln und in ein vorgekühltes Glas seihen.

GOLDEN GATE

1 cl Curacao weiß, 1 cl frischer Zitronensaft, 1 cl Jamaica Rum, 2 cl Weinbrand

Im Shaker mit 2–3 Eiswürfeln die Zutaten kurz schütteln und im Cocktailglas mit einer Kirsche garniert servieren.

CHAMPAGNER TROPIC

1 cl Rum weiß, 1 cl frischer Orangensaft, 1 Barlöffel Limonensaft, 1 cl Mandarinen-Likör; außerdem: Champagner Brut oder trockener Sekt

Die Zutaten im Shaker kräftig schütteln. In eine vorgekühlte Champagner-/Sektschale seihen und mit Champagner/Sekt auffüllen.

Dianas Cocktail

4 cl Vodka, 1 cl Curacao weiß, 1 cl frischer Orangensaft, 1 cl frischer Zitronensaft, Grenadine

Die Zutaten in den Shaker geben und mit einem Spritzer Grenadine abspritzen. Kräftig schütteln und durch den Strainer in einen mit gestampftem Eis gefüllten kleinen Tumbler seihen.

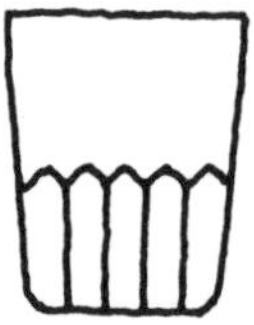

Bombay Punch

5 cl Indischer Rum oder ersatzweise Jamaica Rum braun, 1 cl Curacao Triple Sec, 1 Barlöffel Grenadine, 4 cl Orangensaft, 4 cl Ananassaft ungesüßt, 2 cl Zitronensaft, Muskatnuß

Alle Zutaten über Eis shaken und in ein Long-Drink-Glas mit gestampftem Eis seihen. Das Getränk wird mit einem Ananasspieß und einer Kirsche garniert. Mit etwas Muskatnuß überstreuen.

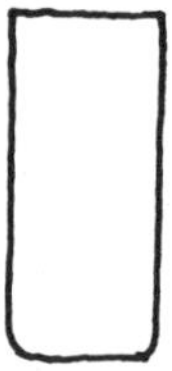

Planter's Punch

3 cl Jamaica Rum braun, 2 cl Jamaica Rum weiß, 2 cl Zitronensaft, 6 cl Orangensaft, 1 Barlöffel Grenadine, 1 dash Angostura, Muskatnuß

Die Zutaten gut shaken und in ein mit gestampftem Eis gefülltes Long-Drink-Glas seihen. Eine halbe Scheibe Orange und eine Kirsche in das Glas geben. Mit einem Ananasspieß garnieren und mit etwas Muskatnuß überstreuen.

Cocktails zu jeder Gelegenheit

Die hier empfohlenen Cocktails können zu jeder Jahreszeit serviert werden. Testen Sie den Geschmack Ihrer Gäste und wählen Sie das passende Getränk.

Highball

Der Highball ist ein bekannter Long-Drink und wird in verschiedenen Variationen serviert. Man verwendet entweder Rum, Gin, Brandy oder Whiskey. Unter Verwendung von Whiskey ist der Highball bekannt geworden.

4 cl Canadian oder Bourbon Whiskey, Ginger Ale

Den Whiskey in ein mit Eis gefülltes Glas geben, mit Ginger Ale auffüllen und mit einer Orangenscheibe garnieren.

Bloody Mary

4 cl Vodka, 1 Barlöffel frischer Zitronensaft, 8 cl Tomatensaft, Worcestersauce, Tabasco, Selleriesalz, Pfeffer schwarz, Eiswürfel

Vodka, Eis, Zitronensaft und die Gewürze nach Belieben in ein Long-Drink-Glas geben und gut verrühren. Mit kaltem Tomatensaft auffüllen.

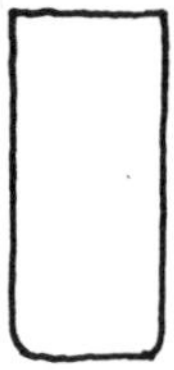

Elisabeth

3 cl Gin, 1,5 cl Apricot Brandy, 1,5 cl Curacao blue, 4 cl Orangensaft, 4 cl Ananassaft, 1 cl Zitronensaft

Die Zutaten im Shaker schütteln und in ein Long-Drink-Glas auf Eis seihen. Mit einem Ananasspieß und einer Cocktailkirsche garnieren.

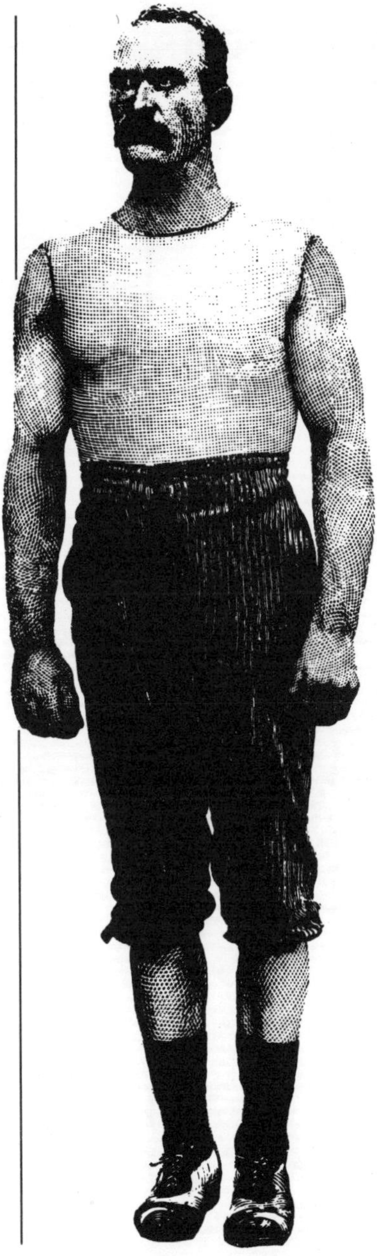

Für Sportler ohne Alkohol

Jogging Flip

4 cl frischer Orangensaft, 4 cl Ananassaft, 4 cl frischer Zitronensaft, 1 Eigelb, Grenadine

Die Säfte in den Shaker gießen, Eigelb und einen Spritzer Grenadine zugeben. Kurz schütteln und in ein mit Eiswürfeln gefülltes Long-Drink-Glas seihen.

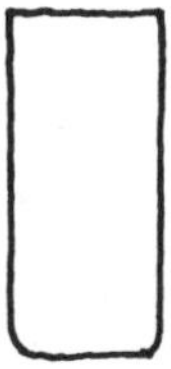

Bekannte Hotels empfehlen

Rezeptvorschläge aus den Bars
deutscher First-Class-Hotels

Hotel Frankfurt Inter-Continental

Wilhelm-Leuschner-Str. 43,
6000 Frankfurt/Main
Geschäftsführung:
Max Herr (Generaldirektor)
Chefbarkeeper:
Wolfgang Rudi Hoffmann
Hausbar: Prolog
Epilog Bar

Rudis Rubin

2 cl Campari, 2 cl Cointreau, Sekt

Den Campari und den Cointreau im Mixglas verrühren, in ein vorgekühltes Glas geben und mit Sekt auffüllen. Mit einer halben Orangenscheibe garnieren. Eine Kirsche am Spieß hinzugeben.

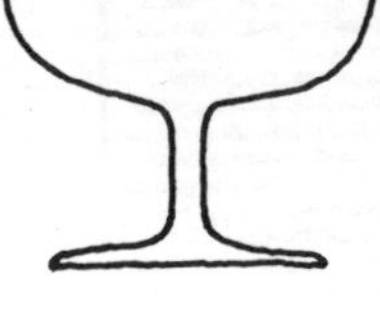

Swiss Lady

3 cl Williams Birne, 2 cl Cointreau, 2 cl frischer Zitronensaft

Im Mixglas verrühren und mit 1/8 Birne und einer Kirsche garnieren.

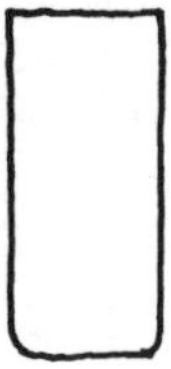

Drink Sophia

4 cl Amaretto, 1 cl Creme de Cacao weiß, 1 cl Creme de Menthe grün, 4 cl Sahne

Die Zutaten in den Shaker geben und gut schütteln. Durch den Strainer in ein vorgekühltes Glas seihen. Mit geriebenen Mandeln bestreuen.

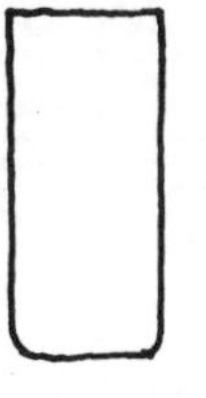

Türkish Moon

2 cl Curacao blue, 3 cl Raki, 2 cl Zitronensaft, 1 cl Limettensaft, 2 cl Zuckersirup, Eis

Die Zutaten in einem gekühlten Shaker kräftig schütteln und durch den Strainer in ein Glas seihen. Mit einer halben Aprikose und einer Kirsche garnieren.

Hamburg Plaza

Marseiller Straße,
2000 Hamburg 36
Generaldirektion: Horst Trinkus
Barkeeper:
Blauer Satellit – Herr Aruffu
Galeonenbar – Herr Köster

CPHotels
Hamburg Plaza

Blauer Satellit

1 cl Gordon's Gin, 1 cl Bacardi weiß, 2 cl Curacao blue; außerdem: Sekt, Orangenscheibe, Cocktailkirsche

Die Zutaten im Shaker gut schütteln und in eine vorgekühlte, mit Zuckerrand versehene Sektschale geben. Mit Sekt auffüllen. Zum Garnieren eine Orangenscheibe und eine Cocktailkirsche verwenden.

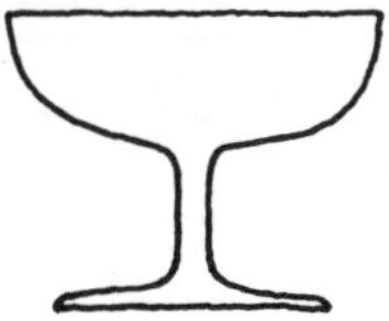

Galeonen-Cocktail

1 cl Cherry Heering, 1 cl Grand Marnier, 2 cl Weinbrand, Angostura, Orangensaft

Cherry, Grand Marnier und Weinbrand im Mixglas verrühren, einen Spritzer Angostura hinzugeben. In ein Glas schütten und mit Orangensaft auffüllen. Als Garnitur eine Kirsche am Spieß.

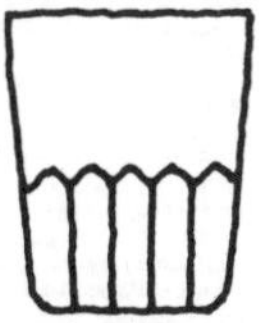

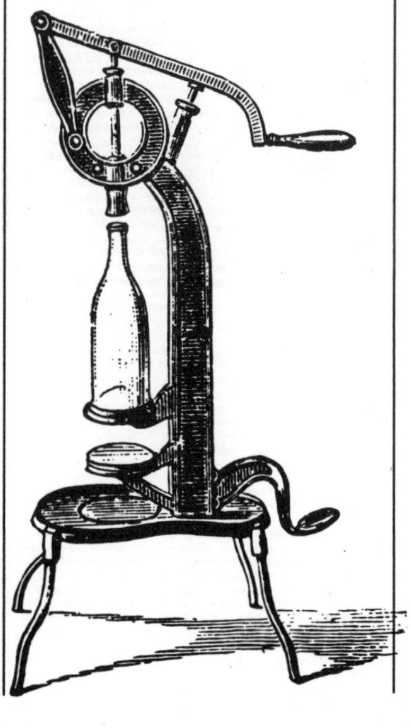

Hotel Inter-Continental Köln

Generalmanager: Herr Pannen
F+B Manager: Herr Mitrovits
Chefbarkeeper:
Derby Bar – Joel Vinet
Belvedere Club – Giacomo Libertino

Misty Blue

1 cl Vodka, 1 cl Creme de Banana, 2 cl frische Sahne; außerdem: 1 cl Curacao blue, Kirsche, Minzeblatt

Die Zutaten im Shaker kräftig schütteln und durch den Strainer in ein Cocktailglas seihen. Den Curacao blue anschließend vorsichtig dazugeben. Er darf sich nicht mit den übrigen Spirituosen vermischen. Als Garnierung eine Cocktailkirsche und ein Minzeblatt am Spießchen.

Liberty Special

Dieses Getränk wird im „Blender" (Starmix) zubereitet.

2 cl Rum weiß, 2 cl Curacao dry Orange, 1 cl Mandarinenlikör, 3 cl Ananassaft, 1 cl Zitronensaft, 1 cl Limettensaft, 1 Barlöffel Eiweiß; außerdem: 1/2 Scheibe Ananas, Cocktailkirsche, frische Pfefferminzzweige

Im Starmix die Zutaten gut verrühren und in einem großen Tumbler auf gestampftem Eis servieren. Als Garnierung Ananas, Cocktailkirsche und frische Pfefferminzzweige.

Lady Rose

1 Eigelb, 1 cl Creme de Banana, 4 cl Orangensaft, 1 cl Grenadine, 1 dash Limettensaft; außerdem: Champagner oder Sekt, 1/2 Scheibe Orange, Cocktailkirsche

Die Zutaten in den Shaker geben und gut schütteln. Anschließend durch den Strainer in ein Champagner-Glas seihen und mit Sekt oder Champagner auffüllen. Als Dekoration eine halbe Scheibe Orange und eine Cocktailkirsche.

Chasseur

2 cl Armagnac, 2 cl Vermouth rosso, 1 cl Kirschsaft

Die Zutaten im Mixglas gut verrühren, in ein Cocktailglas abseihen und mit einer Kirsche dekoriert servieren.

WALDHOTEL KRAUT-KRÄMER

4400 Münster/Hiltrup
Geschäftsführung:
Familie Krautkrämer
Chefbarkeeper:
Thomas Dözelmüller

COCO MARIA

3 cl Coco Ribe (Cocosnußlikör), 2 cl Coffee Likör, 2 cl Orangensaft, 4 cl Ananassaft. Garnitur: Fruchtspieß (Früchte der Saison)

Die Zutaten in einem gut gekühlten Shaker kurz schütteln und in einen Tumbler seihen. Mit einem Fruchtspieß garnieren.

LATIN KISS

3 cl Bacardi, 2 cl Apricot Brandy, 3 cl Creme of Coconut, 3 cl Orangensaft, 1 Barlöffel Limettensaft

Im Shaker gut schütteln und in einen Tumbler abseihen. Mit einem Fruchtspieß garniert servieren.

RAINBOW

3 cl Barack Palinka, 2 cl Curacao blue, 6 cl Orangensaft, 1 Barlöffel Zitronensaft. Garnitur: 1 Cocktailkirsche, 1/2 Orangenscheibe

Im Shaker gut schütteln und in ein Glas seihen. Mit Kirsche und Orangenscheibe garnieren.

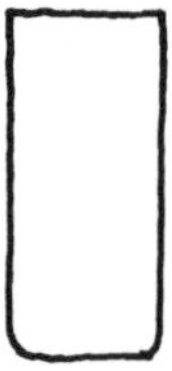

JAMBO

3 cl Jambosala, 2 cl Curacao blue, 2 cl Zitronensaft; außerdem: Orangensaft

Die Zutaten in den gut gekühlten Shaker gießen, gut schütteln und in einem Cocktailglas auf gestampftem Eis servieren. Mit Orangensaft auffüllen.

Hotel Schwarzer Bock

6200 Wiesbaden
Geschäftsführung:
Hans-Dieter Grube
Chefbarkeeper: Emilio Sánchez
Bar: Hotelbar „Schwarzer Bock"

Teyde

Eine nicht zu große Kokosnuß aushöhlen und sie auf einen Sektkelch als Fuß stellen.

3 cl Batida de Coco, 2 cl Cocosnußlikör, 2 cl Rum weiß, 6 cl Ananassaft

Mit genügend Eis im Shaker die Zutaten gut schütteln und sie sofort in die ausgehöhlte Kokosnuß seihen. Mit einer Scheibe Zitrone und einer Scheibe Orange garnieren. Mit einem Trinkhalm servieren.

Herbst Träume

2 cl Coffee Likör, 2 cl Campari, 4 cl Orangensaft; außerdem: Sekt

Im Shaker die Zutaten gut schütteln und in eine mit Zuckerrand versehene Sektschale seihen. Mit Sekt auffüllen, mit einer Orangenscheibe und Kirschen servieren. Eventuell kann als Untersetzer auch ein Blatt Herbstlaub genommen werden.

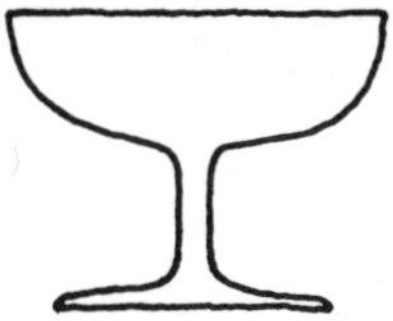

Emilio Spezial

4 cl Mandarinen-Likör, 2 cl Vodka, Saft einer halben Zitrone

Die Zutaten im Shaker gut schütteln und sie in ein Cocktailglas seihen. Mit einer Zitronenscheibe garnieren. Eventuell kann der Glasrand mit einem Zuckerkranz versehen werden.

Schwarzer Bock Spezial

2 cl Curacao blue, 1 cl Vodka, 1 cl Maraschino, 1 dash Maracujasaft; außerdem: Sekt oder Champagner

Die Zutaten im Shaker schütteln und in eine Sektschale seihen. Mit Sekt oder Champagner auffüllen. Mit Zitronen- und Orangenscheibe dekorieren und mit einem Trinkhalm servieren.

©

Hotel Inter-Continental Hannover

3000 Hannover
Geschäftsführung:
Bernd Staupendahl
(stellv. Direktor)
Chefbarkeeper:
Francisco Sanchez-Cruz
Hotelbar: „Grenadier Lounge"

Blanco Tropical

2 cl Drambuie-Whisky Liqueur, 1 cl Amaretto, 2 cl Coco Ribe, 4 cl Cocosnußmilch, 2 cl Milch oder frische Sahne, 4 cl Orangensaft, 2 cl Limettensaft

Die Zutaten im Shaker gut schütteln und in ein Cocktailglas seihen. Mit einer Feige, zwei Cocktailkirschen sowie einer Orangenschale garnieren. Eventuell mit Kokosnußraspeln überstreuen.

Tut Anch Amon

2 cl Tequila, 1 cl Creme de Cassis, 2 cl Bacardi weiß, 1 cl Limettensaft, 2 cl Ananassaft, 2 cl Orangensaft, 2 cl Zitronensaft

Im Shaker gut schütteln und in eine Sektschale seihen. Mit einer Apfelscheibe und einer Kirsche dekorieren.

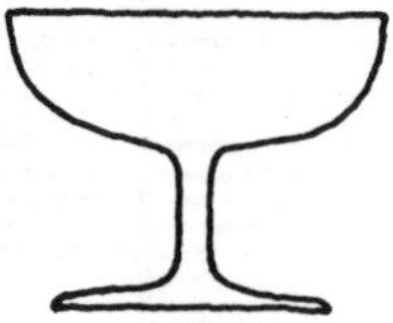

Bananen Träume

2 cl Bananenlikör, 2 cl Calvados, 1 cl Maraschino, 1 cl Grenadine, 3 cl Ananassaft, 3 cl Apfelsaft

Im Shaker kurz schütteln und in eine Sekttulpe seihen. Mit einem Stück Banane und zwei Kirschen garnieren.

Brenner's Park-Hotel

7570 Baden-Baden
Geschäftsf. Direktor:
Richard Schmitz
Chefbarkeeper:
Madhu Sudan Kwatra

Jubiläums Cocktail

2 cl Vodka, 1 cl Grand Marnier, Grenadine; außerdem: Sekt

Den Vodka und Grand Marnier in einem Mixglas über Eis geben. Zwei Tropfen Grenadine hinzugeben und gut verrühren. In eine Sektschale gießen und mit Sekt auffüllen. Mit einer Kirsche und Orangenscheibe garnieren.

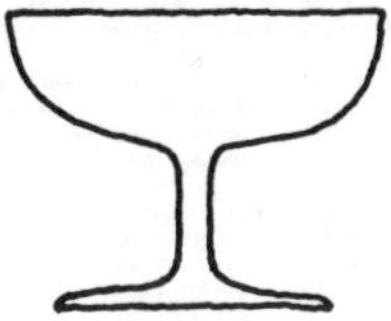

Mazetto

2 cl Vodka, 2 cl Cointreau, 2 cl Grapefruitsaft, Grenadine; außerdem: Sekt

Zutaten in ein Mixglas auf Eis geben. 1 dash Grenadine hinzufügen. In eine Sektschale geben und mit Sekt auffüllen. Mit einer Kirsche oder Orangenscheibe garnieren.

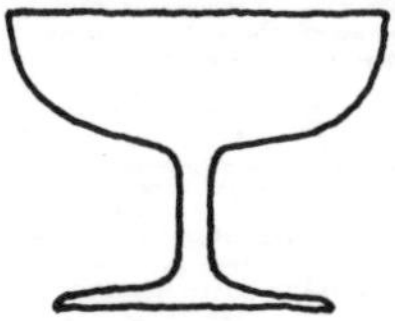

Virgin Blossom

2 cl Rum weiß, 1 cl Curacao blue; außerdem: frischer Orangensaft

Die Zutaten in eine Sektschale geben und mit frischem Orangensaft auffüllen. Mit einer Orangenscheibe am Glasrand garnieren.

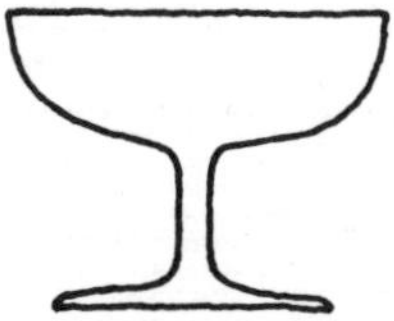

Brenner's Park Special

2 cl Vodka, 1 cl Curacao Triple Sec, 2 cl Orangensaft; außerdem: Sekt

In eine Sektschale geben und mit Sekt auffüllen. Mit einer Kirsche garnieren.

Hilton Hotel Mainz

6500 Mainz a. Rhein
Direktion: Erich Morscher
Chefbarkeeper: Harald Milberg
Barname: Rheinbar Dancing

Kreation Hilton International

Suffering Bastard

2 cl Weinbrand, 2 cl Gin, 2 cl Lime Juice Cordial, 2 dash Angostura; außerdem: Ginger Ale

Die Zutaten in einem Rührglas verrühren und auf gestampftem Eis in einem Collinsglas servieren. Mit Ginger Ale auffüllen. Das Getränk mit je einer halben Scheibe Orange und Zitrone garnieren. Eine Cocktailkirsche beigeben.

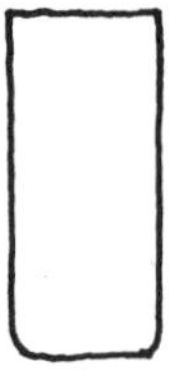

Tropical Itch

2 cl Bacardi light dry, 2 cl Lemon Heart Rum, 2 cl Scotch Whisky, 1 dash Grenadine, 2 Tropfen Angostura, 1 cl Curacao Triple Sec, 2 cl Zitronensaft, 3 cl Papayasaft, 3 cl Mangosaft, 3 cl Orangensaft

Die Zutaten im Shaker kurz schütteln und im Cocktailglas auf gestampftem Eis servieren. Mit einer halben Scheibe Orange und Zitrone garnieren.

Eigene Kreationen

Meermaid

2 cl Tequila, 2 cl Curacao blue, 2 cl Galliano, 1 dash Ananassaft

In den Shaker füllen und kräftig schütteln. In eine Cocktailschale seihen. Mit einer grünen und roten Kirsche am Spießchen garnieren.

Blue Lagune

2 cl Bacardi light dry, 2 cl Curacao blue, 2 cl Curacao Triple Sec, 1 cl Amaretto, 1 cl Zitronensaft, 4 cl Kokosmilch, 4 cl Orangensaft

Zutaten im Rührglas verrühren und in ein Cocktailglas gießen. Mit einer halben Scheibe Orange, einer Cocktailkirsche auf gestampftem Eis servieren.

Hotel Steigen-berger Berlin

1000 Berlin 30
Generaldirektor: J. K. van Daalen
Chefbarkeeper: Hans E. Müller
Barname: „Cariblue" im Hotel Steigenberger

STEIGENBERGER
BERLIN

Steigenberger Cariblue Rum Punch

1 Barlöffel Grenadinesirup, 2 cl Rum braun, 2 cl Rum weiß, 2 cl Ananassaft, 2 cl Grapefruitsaft

Die Zutaten in einen mit Eis gefüllten Tumbler gießen, kurz umrühren und mit einem Früchtespieß garnieren.

Framboise Cocktail

2 cl Himbeergeist, 1,5 cl Curacao Triple Sec, 1 Barlöffel Grenadine, Orangensaft, Zitronensaft

Die Zutaten im Shaker kräftig schütteln und in eine Cocktailschale seihen.

Caribbean Sea

2 cl Curacao blue, 2 cl Rum weiß, 1 cl Zuckersirup, 1,5 cl frischer Zitronensaft; außerdem: Sekt

Die Zutaten im Mixglas gut verrühren und durch das Barsieb in eine Sektschale seihen. Mit trockenem Sekt auffüllen und mit einer Orangenscheibe und einer Kirsche garnieren.

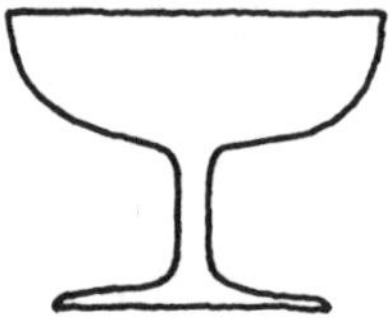

Frankfurt Plaza Hotel

6000 Frankfurt/Main
Direktion: Peter Radizi
(Generaldirektor)
Henry Waltz
(Stellv. Direktor)
Chefbarkeeper: Mario Leoni
Barnamen: „Biblio-Theke",
Discothek Blue Infinitum

CP Hotels
Frankfurt Plaza

Canadian Dream

2 cl Canadian Whiskey, 1 cl Grand Marnier, 1 cl Cherry Brandy, 4 cl Ananassaft, 4 cl Orangensaft; außerdem: frische Minzblätter, 2 Kirschen, 1/2 Scheibe Orange

Die Zutaten in einen Shaker geben und kurz schütteln. In einen Tumbler seihen und mit frischen Minzeblättern sowie Kirsche und Orangenscheibe garnieren.

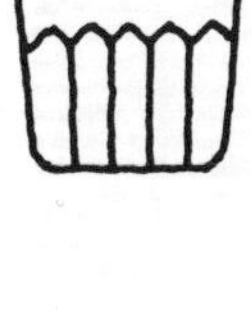

Mario's Spezial

2 cl Rum weiß, 1 cl Campari, 1 cl Curacao dry Orange, 5 cl Orangensaft

Die Zutaten im Shaker gut schütteln und in einen Tumbler gießen. Mit einer halben Scheibe Orange und Kirschen dekorieren.

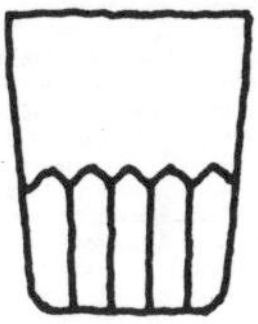

Mozart Melodie

2 cl Weinbrand, 1 cl Southern Comfort, 1 cl Maraschino; außerdem: 10 cl Sekt

Die Zutaten in einen Shaker geben und gut schütteln. Durch den Strainer in eine Sektschale seihen und mit kaltem Sekt auffüllen. Mit einer Orangenscheibe garnieren.

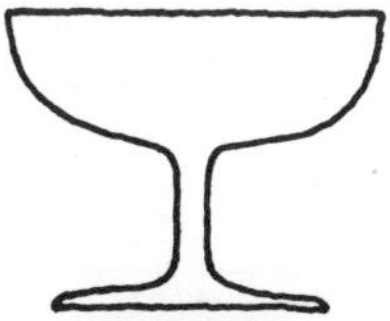

Blue Infinitum

2 cl Curacao blue, 1 cl Rum weiß, 1 cl Gin; außerdem: 12 cl Sekt

Die Zutaten in eine mit Zuckerrand verzierte Champagnerschale geben und mit kaltem Sekt auffüllen. Man serviert den Drink mit einem Stück Eis.

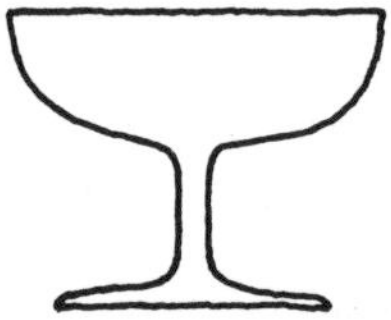

Bibliotheke

2 cl Cherry Heering, 1 cl Vodka, 1 cl Williams Birne; außerdem: 12 cl Sekt

Die Zutaten in eine Sektschale geben und mit kaltem Sekt auffüllen. Mit 1/4 Birne und zwei Kirschen servieren.

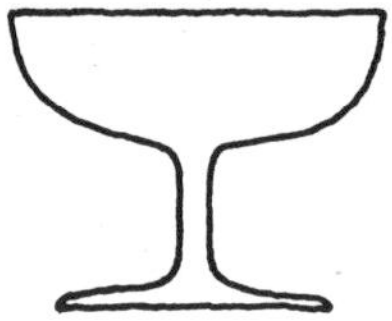

CP Royal Club

2 cl Vodka, 1 cl Grand Marnier 1 cl Cherry Heering; außerdem: 8 cl Sekt

Die Zutaten in eine vorgekühlte Champagnerschale geben und mit Sekt auffüllen. Mit einer Scheibe Orange und zwei Kirschen garnieren.

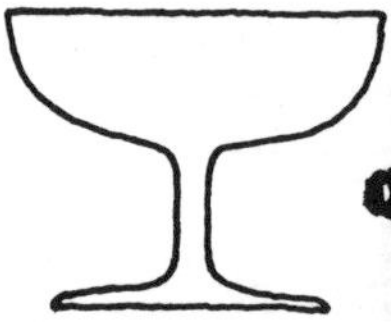

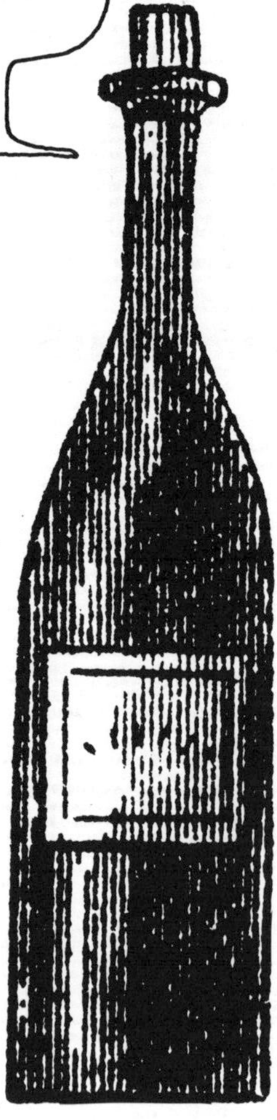

Steigenberger Hotel Frankfurter Hof

6000 Frankfurt/M.
Direktion: Bernd O. Ludwig (Generaldirektor)
Chefbarkeeper: Karl-Heinz Eifert, Josef Schubert
Barnamen: Lipizzaner Bar, Aperitif-Bar

Die beiden ersten Cocktails stammen von Karl-Heinz Eifert, die weiteren Cocktails von Josef Schubert.

Prinz von Homburg

1 Spritzer Angostura bitters, 2 cl ungesüßter Maracujasaft, 2 cl Campari; außerdem: Sekt

Die Zutaten im Rührglas mischen und in ein Glas seihen. Mit Sekt auffüllen.

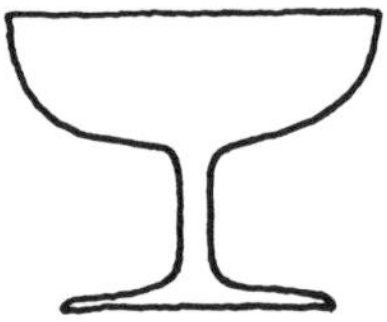

Horse Tail

3 cl Jamaika Rum, 2 cl Apricot Brandy, 3 cl Ananassaft, 1 Spritzer Angostura; außerdem: Bitter-Lemon

Die Zutaten füllt man in ein großes Whiskyglas mit 2–3 Stück Eis. Mit dem Barlöffel gut verrühren und mit Bitter-Lemon auffüllen.

Baccara

3 cl Bacardi, 2 cl Amaretto, 3 cl frischer Zitronensaft, 2 cl Orangensaft, 1 cl Zuckersirup, 1 Barlöffel Grenadine

Die Zutaten in einen Shaker gießen und kurz kräftig schütteln. Durch den Strainer in eine mit Zuckerrand verzierte Sektschale seihen.

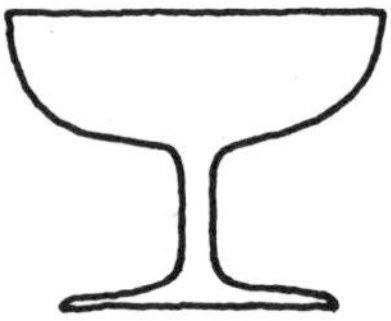

WAIKIKI

3 cl Bacardi, 2 cl Campari, 3 cl Jambosala; außerdem: Orangensaft

Im Rührglas mischen und im Glas mit frisch gepreßtem Orangensaft auffüllen.

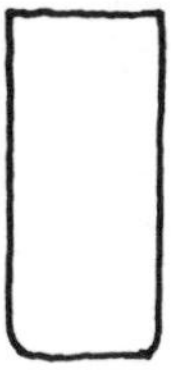

Frankfurt Sheraton Hotel

6000 Frankfurt/Main
General Manager:
Herbert Vollmer
Wirtschaftsdirektor:
Jürgen Kögler
Chefbarkeeper:
Günther Wallasch
Barnamen: Maxwells Bar,
Red Baron (Nightclub)

Red Baron

2 cl Gin, 2 cl Campari, 1 cl Zitronensaft, Orangensaft

Die Zutaten im Shaker gut schütteln und in einem Long-Drink-Glas auf Eiswürfeln servieren. Als Garnitur eine halbe Scheibe Orange, Cocktailkirsche. Als Dekoration ein jap. Schirmchen und einen Stirer.

Twilight Cocktail

Eine Kreation von E. Maalouf, Barkeeper im Hotel Sheraton, Frankfurt

2 cl Calvados, 1 cl Grand Marnier, 1 dash Grenadine, Sekt

Calvados und Grand Marnier mit einigen Eiswürfeln im Rührglas gut verrühren. In ein Sektglas seihen und mit Sekt auffüllen. Einen Spritzer Grenadine dazugeben. Mit einer Apfelschalenspirale garnieren.

Golden Fascination

Eine Kreation von G. Wallasch, Chefbarkeeper Hotel Sheraton

1 cl Galliano, 1 cl Danziger Goldwasser, 0,1 Liter Champagner Brut, Blattgold

Galliano und Goldwasser gut im Rührglas vermischen, in ein Sektglas geben und mit Champagner auffüllen. Der optische Effekt kann durch Zugabe von Blattgold erhöht werden. Als Garnitur eine Limonenscheibe am Glasrand.

Atlantic Hotel Kempinski

2000 Hamburg
Geschäftsführung:
Karl-Theodor Walterspiel
Chefbarkeeper: Karl Soltau
Barname: Atlantic Bar

Steuerbord

2 cl Bacardi gold, 2 cl Curacao blue, 1 cl Galliano, 3 cl Orangensaft

Die Zutaten im Barshaker gut schütteln und in ein mit Eisstükken gefülltes Glas seihen.

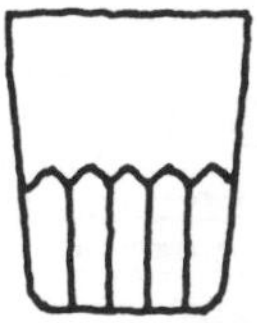

Dramco

Bei diesem Getränk handelt es sich um eine eigene Komposition von Chefbarkeeper Karl Soltau.

2 cl Drambuie, 2 cl Cognac, 2 cl Orangensaft

Die Zutaten im Mixbecher mixen, in eine Sektschale gießen und mit kaltem Sekt auffüllen. Mit einer Kirsche garnieren.

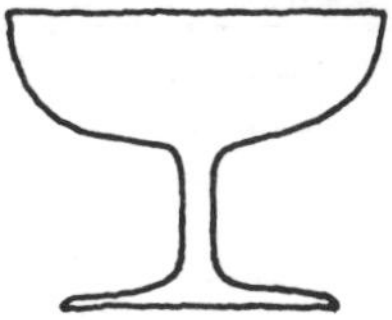

Coco Rum Flip

4 cl Rum, 2 cl Coconut Cream, 1 Ei, 1 dash Grenadine

Den Rum, Coconut Cream und das Ei im Shaker gut schütteln und in ein vorgekühltes Glas gießen. 1 Spritzer Grenadine hinzugeben. Mit einem Stück Ananas und einer Cocktailkirsche garnieren.

Hotel Kempinski

1000 Berlin
Geschäftsführung:
Hartmut Zunk
Chefbarkeeper: Sigi Zeitträger
Barname: Bristol Bar

Spectacle

3 cl Williamine Morand, 2 cl Orangensaft, 1 cl Zitronensaft, 1 dash Grenadine, 1 dash Curacao Triple Sec

Die Zutaten in einem Rührglas mischen und in einer vorgekühlten Champagnerschale servieren.

Parcours

2 cl Vodka, 2 cl Cointreau, 2 cl Grapefruitsaft; außerdem: Sekt

Kurz im Shaker schütteln und in eine Sektschale füllen. Mit kaltem Sekt auffüllen und mit einer Cocktailkirsche garnieren.

Firefox

4 cl Bacardi, 1 cl Amaretto, 1 cl Creme de Cacao weiß, 8 cl Orangensaft

In einen feuerfesten Tumbler gießen (on the rocks). Auf den Rand eine Scheibe Orange legen und mit einem Stück Zucker, das mit 73%igem Rum getränkt ist, anzünden.

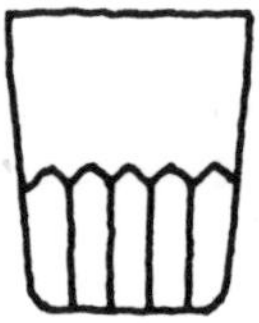

Nutcracker

4 cl Brandy, 4 cl Creme de Coconut, 4 cl Ananassaft, 4 cl Zitronensaft, 2 cl Grand Marnier

Im Shaker kräftig schütteln und in eine Cocktailschale seihen.

Old Fashioned Bar

Eppendorfer Weg 211,
2000 Hamburg 20
Geschäftsführung und Barchef:
Achim F. Eberhardt

Southern

2 cl Southern Comfort, 1 Barlöffel Orangensaft; außerdem: Champagner Brut

Die Zutaten in einem Rührglas mit Eis gut verrühren und in ein Sektglas oder Champagnerkelch seihen. Mit Champagner Brut oder trockenem Sekt auffüllen. Mit einer halben Scheibe Orange garnieren.

Robinson

3 cl Gordon's Gin, 2 cl Drambuie, 1 Barlöffel Vermouth rosso, 2 cl Zitronensaft; außerdem: Ginger Ale

Zutaten in einem Shaker mit Eis gut schütteln und in ein Long-Drink-Glas seihen. Als Garnitur zwei Scheiben frische Gurke (Salatgurke), je eine halbe Scheibe Orange und Zitrone. Mit Ginger Ale auffüllen.

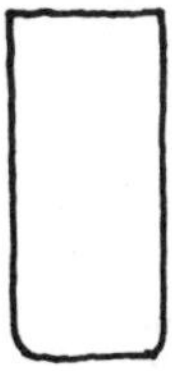

Flying Kangaroo

3 cl Bacardi gold, 2 cl Galliano, 3 cl Creme de Coconut, 3 cl Orangensaft, 1 Barlöffel Zitronensaft

Die Zutaten im Shaker mit Eis gut schütteln. In ein mit gestampftem Eis gefülltes Long-Drink-Glas seihen. Als Garnitur eine Scheibe Ananas und ein Minzeblatt.

Makanea

4 cl Südsee Amazone (Maracujageist), 4 cl Creme de Coconut, 4 cl Maracujasaft, 1 cl Zitronensaft, 1 Barlöffel Grenadine

Die Zutaten in den Shaker geben und gut schütteln. In ein Long-Drink-Glas mit gestampftem Eis seihen. Mit einem Ananasspieß, Cocktailkirsche und Minzeblatt garnieren.

3. Anhang

Welche Getränke gehören in eine gut sortierte Hausbar?

Spirituosen

Gin, Vodka, Cognac, Weinbrand, Rum braun, Rum weiß, Scotch Whisky, Bourbon, Irish, Canadian Whiskey, Vermouth dry, Vermouth rosso, Cointreau, Campari, Portwein, Champagner oder Sekt.

Säfte, Limonaden und Sirups

Zitronensaft, Orangensaft, Ananassaft, Tomatensaft, Grenadine, Zuckersirup, Maracujasaft, Maracujasirup, Mineralwasser/Sodawasser, Ginger Ale, Tonic Water, Cola, Angostura, Orange bitter.

Früchte, Obst und Gewürze

Orangen, Zitronen, Oliven, Cocktailkirschen, Eier, Milch, Sahne, Pfeffer, Selleriesalz, Tabasco, Worcestersauce, Muskatnuß, Würfelzucker.

Sonstiges

Cocktailspieße, Glasteller und -schalen, Servietten, Trinkhalme, kleine Löffel.

Guter Rat ist teuer – Was trinkt man wann?

Zu jeder Tageszeit das richtige Getränk zu servieren, bedarf genauer Überlegung. Wir stellen Ihnen einen Tagesfahrplan vor, nach welchem Sie bei der Wahl Ihrer Getränke gut vorgehen können.

Zum Frühstück

... den Tag sollte man nicht unbedingt mit Alkohol beginnen. Wir empfehlen als Muntermacher Milchmixgetränke oder Fruchtsäfte.

Am Vormittag

... finden oft die ersten Einladungen statt. Neben dem traditionellen Sektcocktail kann man im Winter einen „Flip" und im Sommer erfrischende Drinks wie den Fizz, wie Sours oder auch fruchtige, exotische Mixgetränke (Fancy-Drinks) servieren. Aber hier kommt es in erster Linie auf die Stimmung der Gäste an.

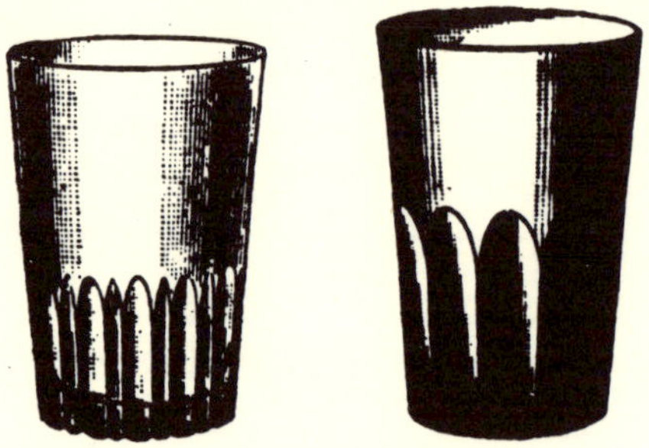

Zum Mittagessen

. . . bereitet man Appetitanreger vor. Das sind fast immer bekömmliche Aperitifs von Martinis über Manhattans bis zum Sherry.
Während des Essens serviert man Wein oder auch Bier (je nach Geschmack). Mixgetränke zum Essen wären hier völlig fehl am Platz.

Nach dem Essen

. . . ein gelungenes Essen wird mit einem starken Kaffee, mit einem Cognac oder den After Dinner Cocktails abgeschlossen. Zur Verdauung darf es auch ein Obstbranntwein sein. Fragen Sie Ihre Gäste nach deren Wünschen.

Am Nachmittag

... noch vor der Cocktailstunde werden die Sourgetränke oder Highballs in verschiedenen Zubereitungen serviert. Lassen Sie Ihrer Phantasie bei der Zusammenstellung freien Lauf.

Zur Cocktailstunde

... sie ist auf der ganzen Welt zwischen 17 und 19 Uhr angesetzt. Früher waren Cocktailparties reine „Stehparties". Heute hat sich dies sicher geändert. Zur Cocktailstunde reicht man Medium-Drinks und Cocktails – so wie's beliebt.

Am Abend

... wird das Getränkeangebot durch die Jahreszeit bestimmt. Gefragt werden Long-Drinks oder Champagner Cocktails. Sie regen an und bringen die nötige Stimmung. Bei größeren Gesellschaften haben sich Bowlen durchgesetzt. Aber auch hier haben Sie freie Bahn in der Wahl der Getränke.

Unser Getränke-Tagesplan kann sicher nur eine Empfehlung sein. Testen Sie den Geschmack Ihrer Gäste, und Sie werden schnell zu einem befriedigenden Ergebnis kommen.

Was wissen Sie über Ihre Getränke?

Wer ein richtiger Hausbarkeeper ist, sollte bei Fragen über seine Getränke Auskunft geben können. Wir machen Sie mit den wichtigsten Bargetränken vertraut, auch wenn man über die einzelnen Getränke viele Seiten schreiben könnte.

Branntweine

Man unterscheidet Trink- und Edelbranntweine. Letztere sind Destillate (reine Destillate) aus Wein oder Rohstoffen, die infolge ihrer Bestandteile zur Alkoholgewinnung geeignet sind. Hierzu gehören Rum, Korn oder auch Whisky.

Alle übrigen Branntweine sind nichts anderes als ein Gemisch aus sogenanntem Primasprit und Wasser unter Verwendung von Aromastoffen. Außer dem Vodka kann man sie für den Bargebrauch nicht einsetzen.

Bei Edelbranntweinen schreibt der Gesetzgeber einen Alkoholgehalt von 38% Vol. vor, bei den Trinkbranntweinen werden 32% Vol. zur Auflage gemacht.

Liköre

Hierbei handelt es sich um Getränke, die aus Primasprit, Edelbranntweinen (mit Zucker und speziellen charakteristischen Aromastoffen versetzt), hergestellt werden. In Deutschland unterscheidet man Frucht-, Kräuter-, Gewürz-, Bitter-, Kaffee-, Kakao- oder Teeliköre.

Gin

Bis Ende des 17. Jahrhunderts war Gin ausschließlich als Genever bekannt. Englische Soldaten in Holland unter Wilhelm von Oranien kamen auf den Genever-Geschmack und importierten das Getränk nach England. Dort wurde es unter dem heutigen Namen Gin bekannt. Die Ginbasis ist ein aus verschiedenen Getreidesorten destillierter Kornbrannt, der bis auf 95% Vol., also fast zu reinem Sprit ausgebrannt wird. Durch Zugabe von Wasser wird der Kornbrannt auf 60% Vol. herabgesetzt und durch Zusatz aromatischer Wacholderbeeren sowie weiterer Gewürze erneut destilliert. Heute geschieht dies im Vakuum-Verfahren. Gin muß nicht mehr länger gelagert werden. Er wird sofort abgefüllt und vertrieben.

Whisky oder Whiskey?

Nicht nur die verschiedenen Sorten, auch die Schreibweise macht den Unterschied deutlich.

Scotch Whisky

In der heutigen Form besteht er aus dem Verschnitt des in Patentbrennereien auf 90% Vol. ausgebrannten Kornbrannts. Die wichtigsten Scotch-Whisky-Gebiete sind in Schottland die Highlands, Lowlands, Islay und Campbeltown. Scotch Whisky wird drei bis vier Jahre in Eichenfässern gelagert. In dieser Zeit nimmt er eine dunkle Farbe an. Der Scotch hat einen charakteristischen Rauchgeschmack.

Irish Whiskey

Der Unterschied zum Scotch besteht darin, daß das zur Herstellung verwendete Malz nicht über offenen Torffeuern gedorrt wird. Daher wird man beim Irish Whiskey auch auf den rauchigen Geschmack verzichten müssen. Er hat dafür einen vollen Malzcharakter.

American Whiskey

Amerika bietet für alle Whiskey-Trinker etwas. Die verschiedenen Sorten gehören zu den beliebten Bargetränken.
Die Herstellung der amerikanischen Whiskeys ist fest im amerikanischen Branntweingesetz verankert.
Uns sollte aber nur der gebräuchliche Bourbon interessieren, zumal man andere Sorten in Deutschland kaum kaufen kann. Nach dem Gesetz darf der Bourbon nicht höher als 80% Vol. ausgebrannt werden. Vor dem Verkauf wird er mit Wasser auf etwa 40% Vol. herabgesetzt. Wie alle amerikanischen Whiskey-Arten, wird auch er zur Beschleunigung des Reifeprozesses in innen ausgebrannten Eichenfässern gelagert. Flaschen, die in staatlichen Lagerhäusern (bottled in bond) gelagert wurden, haben garantiert eine vierjährige Lagerung durchgemacht. Der Bourbon hat infolge des geringeren Ausbrandes einen schweren Charakter. Im Geschmack ist er süßer und vollmundiger als z. B. der Scotch.

Canadian Whiskey

In der Herstellung wird ähnlich wie beim Bourbon verfahren. Die Lagerung ist auf zwei Jahre begrenzt. Im Geschmack ist er leichter als der Bourbon.

Rum

Rum ist das Getränk der Karibik. Wir kennen den braunen Rum, der aus Jamaica kommt, und den weißen Rum, der in Puerto Rico hergestellt wird. Zum ersten Mal betrieben die Holländer Anfang des 17. Jahrhunderts damit einen schwunghaften Handel. Rum wird aus dem Saft des Zuckerrohres hergestellt.

Angostura

Es handelt sich um einen Bitter, der in jede Bar gehört. Im Haushalt findet Angostura ebenfalls zur Geschmacksverfeinerung Verwendung. Unvermischt ist der aus Trinidad kommende Bitter nicht zu genießen. Er wird zur Aromatisierung von Cocktails gebraucht.

Calvados

Hierbei handelt es sich um einen Apple Brandy, der in der Normandie (Frankreich) hergestellt wird. Die bekannteste Marke – Calvados – ist ein aus Apfelwein destillierter Obstbrannt.

Aquavit

Durch mehrfache Destillation gereinigter Kornbranntwein, dem Kümmel und andere Kräuter zugesetzt werden. Er wird besonders in nordischen Ländern geschätzt und eiskalt serviert. So kann man ihn zur Anregung der Verdauung nach dem Essen reichen. Als Cocktailzusatz findet er keine Verwendung.

Brandy

Unter dem Begriff „Brandy" verstehen wir die offizielle Bezeichnung für spanische Branntweine. In angelsächsischen Ländern nennt man den Weinbrannt allgemein „Brandy".

Campari

Dieser Bitter wird in Mailand hergestellt, und zwar aus Sprit, Orangenschalen und Orangenblättern. Als Aperitif trinkt man ihn mit Soda. In Deutschland trinkt man ihn vorzugsweise mit Orangensaft.

Cherry Brandy

Dieser Fruchtlikör wird unter Zusatz von Kirschwasser aus dem Saft reiner Kirschen hergestellt.

Cointreau

Er ist einer der berühmtesten Curacao-Liköre. Er wird in Frankreich hergestellt.

Grand Marnier

Wird aus dem Destillat der Schalen bitterer Haiti-Orangen, mit verschiedenen Gewürzen vermischt, unter Zusatz von Cognac hergestellt.

Kirschwasser

Eines der berühmtesten Schwarzwaldgetränke. Der Obstbrannt wird aus vergorenen Kirschen, die besonders aromatisch sind, gewonnen.

Orange Bitter

Benutzt man zum Aromatisieren von Cocktails. Orange Bitter wird, wie es der Name schon sagt, aus der Schale bitterer Orangen hergestellt.

Portwein

Kommt aus Portugal und wird von Porto aus in die ganze Welt verschickt. Es handelt sich um einen schweren Landwein. Direkt nach der Kelterung beginnt er infolge seines hohen Zuckergehaltes zu gären. Die Gärung wird durch das Hinzufügen eines hochprozentigen Weindestillats unterbrochen. Portwein wird gern auch am Vormittag gereicht und ist wesentlicher Bestandteil des Porto-Flips.

Sherry

Spanischer Wein, dessen Trauben nach der Lese 24 Stunden an der Luft getrocknet werden. Anschließend werden sie gekeltert und zweimal vergoren.

Sliwowitz

Ein slovenisches Zwetschgenwasser, dessen Namen allerdings nicht geschützt ist. Daher sollte man beim Kauf auf Qualität achten.

Vermouth

Ist ein Kräuterwein, der in verschiedenen Typen hergestellt wird.
Der französische Vermouth (dry) ist besonders hell und herb. Etwa 40 verschiedene Kräuter werden zu seiner Herstellung verwandt. Sie werden mit einem sogenannten Basiswein angesetzt. Den entstehenden Extrakt mischt man im Verhältnis 1:5 mit Wein, wobei die Mischung noch mit Weindestillat auf 19% Vol. verstärkt wird.
Der süße italienische Vermouth (rosso) kommt aus den berühmten Firmen in Turin und wird in Deutschland abgefüllt. Er wird ähnlich wie der französische hergestellt, obwohl man einen kräftigeren, süßeren Wein verwendet, der ein Jahr alt sein soll. Nach dem Zusatz von Aromastoffen läßt man ihn erst einmal reifen.
Beide Vermouth-Sorten werden gerne als Aperitif getrunken.

Vodka

Ein feinfiltrierter, wasserheller Sprit aus Getreide oder Kartoffeln ohne spezifischen Geschmack. In Amerika hat neuerdings der Vodka dem Gin große Konkurrenz gemacht.

Inhalt

Rezepte

Winterdrinks

Klassische Cocktails

Standard Cocktails

Sommer Cocktails

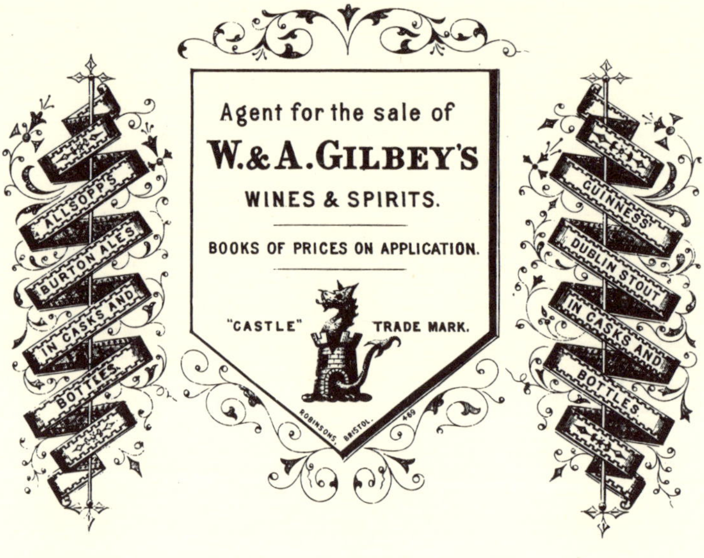
ALLSOPP'S
BURTON ALES
IN CASKS AND
BOTTLES.
Agent for the sale of
W.& A. GILBEY'S
WINES & SPIRITS.
BOOKS OF PRICES ON APPLICATION.
"CASTLE" TRADE MARK.
ROBINSONS, BRISTOL.
GUINNESS'
DUBLIN STOUT
IN CASKS AND
BOTTLES.

Cocktails zu allen Gelegenheiten

Sportdrinks Alkoholfrei

Hotel-Bars und Rezepte